Henriette Reker
Mein Beruf ist Köln

Eine Nahaufnahme von
Jonathan Briefs
und Pascal Siemens

Kiepenheuer & Witsch

MIX
Papier aus verantwor-
tungsvollen Quellen
FSC® C083411

1. Auflage 2016

Umschlaggestaltung: Rudolf Linn, Köln
Umschlagmotiv: © Maurice Cox
Gesetzt aus der ITC Berkely Pro
Satz: Wilhelm Vornehm, München
Druck und Bindung: CPI books GmbH, Leck
ISBN 978-3-462-04979-4

In Erinnerung an Silvie Protte
(*07.05.1984; †29.12.2015),
der ich während des Wahlkampfes
viel zu wenig Zeit schenkte
Pascal Siemens

Unmöglich ist keine Feststellung.
Es ist eine Herausforderung!
Für Hedi und Gabriel Feuerstein
Jonathan Briefs

Inhaltsverzeichnis

Vorwort

Wer ist Henriette Reker, woher kommt sie, was denkt und will sie? In diesem Buch kommt Henriette Reker zu Wort – aber es ist kein Buch aus ihrer Feder. Die Autoren sind auch kein Sprachrohr. Wir waren Teil des Wahlkampfteams. Jonathan Briefs als Personal Coach, Medien- und Imageberater. Pascal Siemens war der Wahlkampfleiter. Es ist unsere Sicht der Dinge. Als Beteiligte wagen wir eine Nahaufnahme ihres Wahlkampfes, des Attentats und ihrer Politik. Wir schreiben über Henriette Reker als Menschen, als Kandidatin und Oberbürgermeisterin von Köln. Wir schildern ihren einzigartigen Wahlkampf – mit allen Erfolgen, Fehlern, Widersprüchen und Fragen. Alles, um herauszufinden, was wirklich bis zum historischen Wahltag passiert ist. Und in der Zeit danach, angefangen bei den ersten Tagen nach der Amtseinführung am 15. Dezember 2015 im Rathaus zu Köln.

Dabei wird mit einem journalistischen Grundsatz gebrochen: Distanz zu halten. Wir Autoren teilen mit den Leser/innen Überraschungen, Enthusiasmus und Enttäuschungen. Alles wird herangezogen, was die Quellen hergeben: Zitate, Protokolle, Interviews und Gespräche in Hinterzimmern. Im Resultat ergibt das die größtmögliche Nähe zum Geschehen. Kapitel für Kapitel soll sich der Blick weiten – ein Panorama entsteht. Eine Geschichte über die Stadt, über eine Politikergeneration, die denkt, ihr gehöre die Stadt. Über eine Frau, die hin- und hergerissen ist zwischen ihrem Machtanspruch und der Frage, wieweit sie Kompromisse eingehen kann und will, um gestalten zu können. Kann sie mit ihrer Leidenschaft für Köln und mit ihrem Pflichtgefühl eine erfolgreiche Politikerin sein? Ohne dabei ihre Ideale zu verraten? Wir wollen das Wirken einer Frau beschreiben, die für ihr Streben nach Gestaltungsmacht auch persönliche Opfer bringen muss.

Menschen am Strom

Köln ist ein Gefühl. In Köln »kütt et, wie et kütt« (kommt es, wie es kommt). Die Kölnerin und der Kölner sind weltoffen und tolerant – allen Nationalitäten, Geflüchteten, Zugezogenen und selbst ihren Politikern und ihrer Stadtverwaltung gegenüber. Die rheinländische Frohnatur ist alles andere als nachtragend, denn »et hätt noch emmer joot jejange« (es ist noch immer gut gegangen).

Henriette Reker beschreibt ihre Heimat gerne als eine Stadt am Strom. Der Rhein trennt Köln nicht nur in zwei Teile, er prägt seit jeher die Mentalität der Kölner/innen:

»Köln hat einfach eine gewisse Selbstbezogenheit. Den Kölner/innen ist es traditionell wichtiger, dass sie mit sich selbst zufrieden sind, als dass andere mit ihnen zufrieden sind. Das ist auch ein Stück Unabhängigkeit. Nur wenn sie selbst nicht mehr mit sich zufrieden sind, dann kippt das. Und dann muss wieder eine Balance hergestellt werden. Zu dieser Balance gehört sicherlich, dass Köln von außen nicht nur als Spaßstadt wahrgenommen werden darf. Denn das ist nur ein Teil von Köln. Die Stadt ist tolerant, die Stadt ist ehrlich, und die Stadt ist unabhängig. Die Stadt beschönigt nichts. Sie zeigt einfach ihr Gesicht. Köln hat Charakter.

Die Stadt hat aber auch ein gewisses Phlegma, die Kölner/innen geben sich schnell mit Dingen zufrieden. Die Kölner/innen messen sich nicht wirklich an anderen und verlieren manchmal die Realität aus den Augen. Wenn man sich selbst als Maßstab nimmt, hat das ja auch etwas Starkes, das

11

ein großes Selbstbewusstsein ausstrahlt. Es darf nur nicht bei der Selbstzufriedenheit bleiben. Man sollte über die Stadtgrenzen hinausblicken und sich vergleichen – und zwar ehrlich vergleichen, ohne gefühlsduselig zu sein. ›Küss de hück nit, küss de morje!‹ (Kommst du heute nicht, kommst du morgen), dieses Verschieben, das sind die Menschen am Strom. Oder auch ›Et kütt, wie et kütt‹. Davon bin ich fest überzeugt. Sie erleben ja, es fließt. Es fließt, und die Kölner/innen haben ja auch erlebt, dass bestimmte geschichtliche Ereignisse ihnen große Vorteile gebracht haben, für die sie gar nicht so viel konnten.

Da kamen die Gebeine der Heiligen Drei Könige hierher, Köln wurde Pilgerstadt. Dann der Rhein als Handelsstraße. Die Waren mussten ja zuerst in Köln angeboten werden, bevor sie weitertransportiert werden durften. Dazu brauchte es Stapelhäuschen, denn die Waren mussten aus den Schiffen ausgeladen werden. Köln hat immer von dieser Verkehrssituation und von den Pilgern profitiert. Und von der Internationalität. Der Rhein brachte immer schon verschiedene Nationalitäten in die Stadt. Dies ist der Ursprung für die Offenheit und die Toleranz der Kölner/innen. Menschen am Strom machen die Erfahrung, es kommt eben immer etwas vorbei und ist gleich wieder weg. Das bestimmt die Geisteshaltung, eine Lebenseinstellung. Es schafft eine Art Gleichmut.

Man ist aber auch von Dingen abhängig und akzeptiert dies letztlich. Meine Großeltern und Urgroßeltern hatten zum Beispiel eine Schankwirtschaft am Rhein, am Holzmarkt Ecke Klappergasse. Nicht die vornehmste Ecke seinerzeit, aber man konnte dort gutes Geld verdienen. In manchen Jahren gab es zweimal Hochwasser. Ich habe Fotografien von ihnen, auf denen sie mit einem Bötchen um die Ecke herumfahren, weil ihnen das Wasser bis zur Mitte des Erdgeschosses stand. Dagegen war damals nichts zu machen. Der Rhein bestimmt eben. Zwei Seiten einer Medaille.«

Die Schande von Köln

»Ich habe immer gedacht, in fernen Ländern sei man gefährdet. In Deutschland konnte ich mir das nicht vorstellen. Die massiven sexuellen Bedrängungen dürfen wir nicht hinnehmen, das gefährdet die Balance in unserer Gesellschaft. Die Taten hier in Köln sind ein Angriff auf unsere freiheitliche Grundordnung. Die Frage ist nur, ob eine politische Absicht dahinterstand. Und da hätte ich Zweifel. Grundsätzlich hätte das in jeder anderen Stadt auch passieren können«, äußerte sich Henriette Reker, erst wenige Wochen im Amt als Oberbürgermeisterin, nach den Silvesterübergriffen zum Jahreswechsel 2015/16 in Köln.

In der Silvesternacht waren, wie sich nach und nach herausstellte, insgesamt zwölf Städte in Deutschland Tatort solcher Übergriffe. Der Schwerpunkt war Köln.

»Es kann nicht sein, dass Besucher in Köln Angst haben müssen, überfallen zu werden«, sagte Henriette Reker. Den »Paukenschlag von Köln«, so nannte die Bundeskanzlerin die Vorkommnisse der Silvesternacht. Die Kanzlerin hatte offensichtlich schnell eine Vorstellung davon, dass die Vorfälle in Köln kein lokales Problem sind, sondern eine Herausforderung für uns alle werden können.

Die schlimmen Ereignisse verunsicherten die Kölner und darüber hinaus ganz Deutschland. Das Echo war weltweit – und verheerend. Die sexualisierte Gewalt in und vor dem und um den Hauptbahnhof in der Silvesternacht gelte, so Justizminister Heiko Maas, als »neue Dimension organisierter

Kriminalität«. Das wird inzwischen ausgeschlossen. Die Männer sollen sich über die sozialen Netzwerke verabredet haben, nach Köln zu fahren, da sei »große Party«. Mittlerweile spricht man auch nicht pauschal von Flüchtlingen als Täter. Sondern von einer »kriminellen Subkultur, z.B. den sogenannten Maghreb-Banden«. NRW-Innenminister Jäger wollte dafür sorgen, dass sich eine solche Situation nie mehr wiederholt; das sei man den Opfern schuldig.

Henriette Reker: »Es ist eine Selbstverständlichkeit, dass die Schuldigen schnell ermittelt und mit aller Härte des Gesetzes verurteilt werden. Obwohl das schwierig ist. Die Opfer können die Täter nur schwer identifizieren. Es ist unbefriedigend, wenn die Spitze des Staates nach Härte ruft, aber am Ende fast nichts dabei herauskommt. Das zeigt die Hilflosigkeit unserer Gesellschaft in dieser Frage.« Und: »Der Platz um den Hauptbahnhof und den Dom ist ein neuralgischer Punkt. Da muss man im Blick behalten, was da passiert. Dazu brauchen wir mehr Polizei, und wir brauchen eine Videoüberwachung, die den Beamten an Ort und Stelle zeigt, was vor sich geht, und ihnen erlaubt, sofort einzugreifen. Es geht darum, die Sicherheit zu gewährleisten, das ganze Jahr. Wir dürfen nicht vor Angst erstarren und unsere Lebensweisen dieser Angst unterordnen. Aber wir müssen Obacht geben. Die Stadt muss in Zukunft für Feste wie Karneval als Veranstalter auftreten und ein Sicherheitskonzept erarbeiten. Wir müssen uns im Vorfeld überlegen, was passieren kann und wie wir damit umgehen. Das hat es bisher nicht gegeben. Wie das konkret aussehen soll, muss auch der Innenminister als oberster Dienstherr der Polizei beantworten. Ich kann nur informieren und fragen: Was machen die Beteiligten, wie gedenken sie damit umzugehen? Ich bin letztlich nicht diejenige, die die polizeilichen Aufgaben übernehmen kann. Es ist Aufgabe der Polizei, solche Straftaten zu verhindern.«

Die sexuellen Übergriffe zum Jahreswechsel 2015/2016 waren eine Schande für Köln. In den arabischen Ländern nennt man solche überfallartigen Sexualdelikte »taharrush gamea«. In Köln herrschte überall Fassungslosigkeit, Wut und auch Scham. Das Lebensgefühl der Stadt, eine Mischung aus Frohsinn, Multikulti, Lockerheit und der viel zitierten Toleranz, schien bis ins Mark erschüttert. Traumatisiert und verwundet war die Stadt. Galt das kölsche Grundgesetz überhaupt noch? Artikel 3: »Et hätt noch emmer joot jejange« (Es ist noch immer gut gegangen)? Die lokale Presse stellte die Frage, ob Köln seinen guten Ruf verspielt habe. Der Direktor des Museums Ludwig stellte fest: »Es erscheint mir zynisch, auf die Ereignisse von Silvester und die schleppende Aufklärung derselben mit der Frage eines möglichen Imageschadens für die Stadt Köln im Ausland zu reagieren. In erster Linie kamen die jungen Frauen zu Schaden, die in dieser Nacht sexuell belästigt und ausgeraubt wurden. Zusätzlich besteht die Gefahr eines Generalverdachts gegenüber Flüchtlingen.«

Frauen organisierten Tage nach den Vorfällen einen Flashmob auf der Domtreppe vor dem Hauptbahnhof und sangen mit einem kölschen Karnevals-Klassiker gegen die Ohnmacht an: »Denn mir sin kölsche Mädcher, hann Spetzebötzjer an. Mir lossen uns nit dran fummele, mir lossen keiner dran!« (Wir sind kölsche Mädchen und haben Spitzenunterwäsche an. Wir lassen uns nicht befummeln, wir lassen keinen ran.) Typisch Köln.

Gegenüber, auf der anderen Seite des Hauptbahnhofs, versammelten sich fast zeitgleich Sympathisanten der Pegida-Bewegung und lieferten der Polizei einen aggressiven Samstagnachmittag. Aus verbaler Gewalt in den sozialen Netzwerken wurde Gewalt auf der Straße – rechtsextreme Bürgerwehren formierten sich, verfolgten und verprügelten Menschen mit Migrationshintergrund, um Frauen angeblich vor Ausländern zu schützen.

Wären die knapp tausend Frauen aus dem Flashmob nicht doch noch durch den Hauptbahnhof marschiert, um Pegida auf dem Breslauer Platz die Meinung zu sagen, wäre die dortige linke Gegendemo eine kleine Minderheit gegenüber den 1700 Rechten geblieben. Wo waren die Kölner/innen diesmal? Wenig war zu sehen von der verdienstvollen »Arsch huh«-Bewegung oder dem Bündnis »Köln stellt sich quer«, die sich in der Vergangenheit oft so wirkungsvoll Rechtsradikalen und Rassisten entgegengestellt hatten.

Musste sich Köln wieder einmal schämen? So wie die deutsche Presse es schon geschrieben hatte, als die Wahlbeteiligung nach dem Messerattentat auf Henriette Reker nicht dramatisch zunahm, sondern sich die Prognose nur mit Ach und Krach erfüllte?

In dieser beunruhigenden Zeit war Oberbürgermeisterin Reker gerade knapp fünfzig Tage im Amt. Sie rief eine Krisensitzung der Verantwortlichen ein, um vom Polizeipräsidenten über die ungeheuerlichen Vorgänge informiert zu werden und einen Maßnahmenkatalog zu beschließen. Die darauffolgende gemeinsame Pressekonferenz nahm zunächst einen guten Verlauf. Entschlossenheit und Entscheidungen standen im Vordergrund. Dann schlich sich ein Fehler ein. Auf Nachfrage einer Journalistin, was Henriette Reker denn unter konkreten Maßnahmen für Frauen verstehe, kam die Oberbürgermeisterin ins Schlingern. Sie verwies auf die Verhaltensregeln für Frauen und Mädchen, die online bei der Stadt Köln und auch bei verschiedenen Initiativen einzusehen sind. Was als Ratschlag für die nahende Karnevals-session gemeint war, wurde als Schlag gegen die Opfer der vergangenen Silvesternacht interpretiert. Die Botschaft war zwar gut gemeint, erwies sich aber als Bumerang. »Hilflos« war noch die netteste Bewertung.

Das Zitat »Es gibt immer eine Möglichkeit, eine gewisse Distanz zu halten, die weiter als eine Armlänge betrifft«, löste einen veritablen Shitstorm aus. Unter dem Hashtag #arm-laenge explodierte Twitter, und die sozialen Medien trieben Blüten aller Art, von Beschimpfungen bis zu Fotomontagen. Rechte wie Linke, Politiker/innen, Feministinnen, Karikatu-risten und Interessenvertreter/innen aller Couleur lieferten sich Schlachten um eine Interpretation des Gesagten.

»Ich wurde verkürzt wiedergegeben, und ich habe mich ungeschickt ausgedrückt. Das ist alles«, sagte die Oberbür-germeisterin. »Victim blaming« – »Täter-Opfer-Umkehr« –, schallte es ihr entgegen. Reker entschuldigte sich via Face-book bei den Opfern der Silvesternacht, falls ihre Äußerung diese verletzt haben sollte. Heute ergänzt Reker ihre Aussage so: »Ich glaube dieses Beispiel gewählt zu haben, weil mein Unterbewusstsein die Illusion der Wehrhaftigkeit (nach Erle-ben des Attentats) aufrechterhalten wollte. Damit bin ich lei-der weder den an Silvester angegriffenen Frauen noch mir selbst gerecht geworden.«

Die Dynamik des Shitstorms zeigte, wie ein Vorgang von allen möglichen Seiten für eigene Zwecke instrumentalisiert werden kann. Und wie hysterisch Debatten heutzutage geführt werden. In den neuen Medien und in der Medien-welt an sich. Es wirkte wie ein Stellvertreterkrieg. Denn eigentlich hätten doch in erster Linie die Polizei und die Täter im Fokus der Kritik stehen müssen. Henriette Reker meinte dazu: »Der Shitstorm ist nichts im Vergleich zu dem, was die Frauen und Mädchen in der Silvesternacht durchmachen mussten.«

Kaum jemand hatte die einleitende Aussage vor der kritisierten Formulierung in Gänze gehört oder gelesen. Hier ist sie: »Wir werden außerdem zur Prävention noch rechtzeitig vor den Karnevalstagen auch in verschiedenen Sprachen deutlich klarstellen, wo auch im Karneval die Grenzen im zwischenmenschlichen Umgang sind. Das richtet sich in erster Linie an Männer jedweder Herkunft. Außerdem geben wir natürlich Verhaltenshinweise an junge Frauen, wie sie die Erfahrungen der Polizei zur Prävention am besten umsetzen und feiern können. Es kann nicht sein, dass in Köln Frauen Spießruten laufen müssen. Das werden wir nicht tolerieren!«

Nur wenige machten sich die Mühe, den Kontext des Zitats zu ermitteln. Das verkürzte Zitat wurde zur Wahrheit selbst, und die darauffolgende Medienschlacht sprengte jede Etikette. Immer wieder wurde gerne darauf hingewiesen, dass, wenn Henriette Reker sich selbst an ihren Ratschlag der »Armlänge« gehalten hätte, sie wohl kaum Opfer eines Messerattentats geworden wäre. Guter Geschmack schien ausverkauft. Und Mitgefühl eher Mangelware. Erst wurde Henriette Reker Opfer einer rechtsextremen Gewalttat. In der Silvesternacht wurden viele Frauen Opfer sexualisierter Gewalt. Gewalterfahrung von Frauen in Deutschland heute.

Was Reker zudem auffiel: »Niemand machte einen konstruktiven Gegenvorschlag und sagte, statt des Armlängen-Vorschlags wäre dieses oder jenes das Richtige. Nur Vorwürfe, nichts Konstruktives.«

Jeder, der die Oberbürgermeisterin kennt, weiß, sie ist eine emanzipierte Frau und weit entfernt davon, Rollenklischees zu bedienen oder gar einzufordern. Sich oder andere als Opfer zu stilisieren ist ihr fremd. Von daher haben die vielfältigen Unterstellungen nichts mit ihr zu tun. Sie erzählten viel mehr etwas über die Menschen und Institutionen, die sie äußerten und veröffentlichten. Zugleich zeigte sich folgendes Bild: Frauen in Köln und im übrigen Land meldeten sich verstärkt zu Selbstverteidigungskursen an. Pfefferspray wurde bundesweit knapp. Anträge auf einen kleinen Waffenschein wurden vermehrt eingereicht. Individuelle Maßnahmen zur Selbsthilfe als Ausdruck von Sorge und Angst.

Reker bekam den Eindruck, dass der Polizeipräsident sie vor der Pressekonferenz anscheinend nicht vollständig über die Vorgänge der Silvesternacht in Kenntnis gesetzt hatte und ihr Informationen vorenthielt. Nach und nach kam heraus, dass doch Flüchtlinge an den Übergriffen und Straftaten beteiligt gewesen sein sollen. Der Vorwurf einer »Schere im Kopf« aufgrund eines ungeschriebenen Gesetzes der »political correctness« bei der Polizei, der Stadt und den Medien machte die Runde. Die Partei Alternative für Deutschland (AfD) sah sich in ihrer Kritik an der »Lügenpresse« bestätigt. Denn in der ersten Pressekonferenz hatte Henriette Reker noch behauptet, niemand mit Flüchtlingsstatus stehe unter Tatverdacht. Der damalige Kölner Polizeipräsident hatte neben ihr gesessen und sie nicht korrigiert. Die Oberbürgermeisterin erklärte das Vertrauen in und die Zusammenarbeit mit dem Polizeipräsidenten für massiv gestört. Fast parallel versetzte der NRW-Innenminister den Polizeipräsidenten in den einstweiligen Ruhestand.

Doch die Anfeindungen gegen Reker gingen weiter. Dabei hatte sie klar und deutlich erklärt: »Wir haben ein Maßnahmenpaket gegen menschenverachtende Gewalttaten beschlossen, wie sie in der Silvesternacht in Köln geschehen sind. Es sind selbstverständlich die Täter, die die Polizei mit aller Härte des Rechtsstaats verfolgen muss. Um solche Exzesse sexueller Gewalt künftig zu verhindern und die Sicherheit auf unseren Straßen und Plätzen zu garantieren, brauchen wir ausreichend Polizei- und Ordnungskräfte. Hier fordere ich die Unterstützung durch das Land ein.«

Ministerpräsidentin Hannelore Kraft hat sich nach den Gewaltexzessen nicht bei Henriette Reker gemeldet, wie diese im NRW-Untersuchungsausschuss zur Silvesternacht anmerkte. Dazu sagte Kraft am selben Ort zu einer anderen Zeit: »Frau Reker hatte ja so eine Aussage getätigt, und die fand ich nicht gut.« Vielleicht sei es aber »falsch« gewesen, Reker nicht anzurufen, räumte Kraft selbstkritisch ein.

Die Bürger/innen durchlebten einen immensen Vertrauensverlust, was Polizei, Stadt und Staat betrifft. »Auf der Kippe – wie die Silvesternacht Deutschland verändert«, titelte der *Spiegel*. Die Kanzlerin plädierte für eine schnellere Abschiebung und Ausweisung von Asylbewerbern bei Straftaten. Der Bundesinnenminister stellte dazu konkrete Vorschläge vor und garantierte die schnelle Umsetzung. Der Bundesjustizminister forderte eine Verschärfung des Sexualstrafrechts. Symbolpolitik? Kritiker/innen verwiesen auf die bestehenden Gesetze und bewerteten sie als ausreichend. Allein an der Umsetzung fehle es. Das Asylpaket II ist inzwischen verabschiedet.

Die Oberbürgermeisterin von Köln hielt sich derweil bedeckt. Gesetze und Polizei liegen nicht in ihrer Gestaltungsmacht. Sie berief allerdings eine Sicherheitskonferenz von sieben Städten in NRW ein. Heraus kam am 28. Januar 2016 eine »Kölner Erklärung zur kommunalen Sicherheit«. Unterzeichnet ist die Erklärung von den Städten Aachen, Bonn, Düsseldorf, Essen, Köln, Leverkusen und Oberhausen.

Es ging um die aktuelle Sicherheitslage der Kommunen vor dem Hintergrund der Ausschreitungen der Silvesternacht in Köln. Ziel war es, sich über die jeweiligen Sicherheitskonzepte bei Großveranstaltungen auszutauschen, die Möglichkeiten und Grenzen des kommunalen Handelns aufzuzeigen und gemeinsam Bund und Land aufzufordern, die Städte stärker zu unterstützen. Der Forderungskatalog an den Bund und an das Land NRW umfasst unter anderem geeignete Gesetzesgrundlagen, personelle Ressourcen und finanzielle Mittel. Die Städte müssten klare Grenzen und Konsequenzen durchsetzen können, wenn Werte verletzt und Regeln ignoriert werden. Gleichzeitig benötigten sie Ressourcen für die bessere Integration von Flüchtlingen in Gesellschaft und Arbeitsmarkt sowie ihre menschenwürdige Unterbringung. Gemeinsam fordern die Städte außerdem die Einrichtung eines Fachausschusses »Kommunale Sicherheit« beim Deutschen Städtetag und beim Städtetag NRW.

Reker unterstützte außerdem die öffentlich diskutierte Forderung nach einer Bannmeile um den Dom. Die Verwahrlosung der Domumgebung und die sogenannten Angsträume in unmittelbarer Nähe zum Hauptbahnhof gelten als ein Grund für die Ansiedelung eines kriminellen Milieus. Reker hat große Sympathie für die Idee einer Schutzzone, »doch das muss rechtlich geprüft werden«. Manche wünschen sich von ihr eine noch deutlichere Solidarisierung mit den Opfern. Frauen forderten mehr Geld für die Arbeit mit Frauen und Mädchen im Bereich der Prävention und Opferhilfe. Reker solle sich als Frau mit der NRW-Ministerpräsidentin und der Bundeskanzlerin an die Spitze der Bewegung stellen, die das Sexualstrafrecht reformiert, hieß es.

Inzwischen sind bundesweit sexuelle Übergriffe und »Antanz-Diebstähle« in der Silvesternacht bekannt geworden: in Hamburg, Stuttgart, Bremen, Hessen, Düsseldorf, Bielefeld … Der jüngste Vorfall ereignete sich beim Karneval der Kulturen im Mai 2016 in Berlin. Es scheint also nicht allein ein Kölner Phänomen gewesen zu sein. Aber unbestritten ereignete er sich in Köln, dieser bundesweit schwerste Fall von sexualisierter Gewalt gegenüber Frauen in Deutschland überhaupt. Über 1500 Strafanzeigen sind inzwischen eingegangen. Mehr als die Hälfte dieser Personen geben an, Opfer einer Sexualstraftat geworden zu sein.

Am 18. Februar 2016 nahm im NRW-Landtag ein parlamentarischer Untersuchungsausschuss zu den Exzessen von Köln seine Arbeit auf. Es geht um das Versagen der Polizei und politische Verantwortlichkeiten sowie die allgemeine Sicherheitslage. NRW-Innenminister Jäger hat vor dem Untersuchungsausschuss des Landtages im Mai ausgesagt. Dass Ausmaß der Straftaten sei nicht vorhersehbar gewesen. »Das war ein absolut neues Phänomen, das zum ersten Mal überhaupt in Deutschland zutage getreten ist.« Den Vorwurf, sein Ministerium habe etwas vertuschen wollen, wies er zurück. Er werde alles dafür tun, dass sich das nicht wiederholt. An diesem Versprechen wird sich Jäger messen lassen müssen.

»Ich hätte erwartet, dass der Innenminister sich meldet, weil es ein brisanter Vorfall war«, sagte Henriette Reker Anfang Juli vor dem Untersuchungsausschuss. Im Gegensatz zu ihm habe sich die Bundeskanzlerin wenige Tage nach den Übergriffen erkundigt. »Ich habe ihr gesagt, dass viel zu wenig Polizeipräsenz da war und die Polizei die Situation einfach nicht in den Griff bekommen habe.« Reker bemängelte, dass der Kölner Polizei seit Jahren die erforderlichen Kräfte vorenthalten werden, und wiederholte ihren Vorwurf, vom mittlerweile entlassenen Polizeipräsidenten »nur über

feststehende Fakten und nicht über die vollständige Lage«
informiert worden zu sein. Reker, die aufgrund des Attentats
ihr Amt erst am 15. Dezember antrat, war in den Sicherheits-
planungen der Stadt nicht eingebunden. Vor dem Untersuchungsausschuss wirkte sie wohl auch daher entschlossen,
sich nicht vorführen zu lassen. Es habe Fehler »in« und
nicht »bei« der Stadt gegeben.

Dieses Resümee sei »unglaublich« bis »verstörend«, und
Reker wirke »unterkühlt«, so kommentierten einige Journalisten. Dass Reker zu ihrem eigenen öffentlichen Auftreten
nach der Silvesternacht bereits selbstkritisch eingeräumt
hatte: »Vielleicht habe ich den Frauen, den Opfern, zu wenig
Trost gespendet«, sich im Gegensatz zur Landesregierung
bereits nach den ersten Meldungen öffentlich bestürzt zeigte
und dieselben Journalisten, mit Blick auf die Landtagswah-
len 2017, den Mitgliedern des Untersuchungsausschusses
Wahlkampfrhetorik vorwarfen, scheint bei dieser Bewertung
keine Rolle gespielt zu haben.

Immer noch kochen rechtspopulistische Empörungsdar-
steller ihr politisches Süppchen. Den Menschen, die seit langer Zeit das Thema der sexualisierten Gewalt bearbeiten und
um Öffentlichkeit und Unterstützung werben, hört auch
jetzt kaum jemand wirklich zu. Es geht in der hitzigen öffentlichen Diskussion um andere Interessen: »Flüchtlingskrise«,
Rassismus, Integration, Wahlen, Eitelkeit und Macht. Sowie
Sendeminuten, Schlagzeilen und Klicks. Traurig, aber wahr.
Der Hashtag #aufschrei war vor einigen Jahren ein erstes
Ventil für das wichtige Thema der sexualisierten Gewalt
gewesen. Dann geriet es wieder etwas in Vergessenheit. Der
»normale« Sexismus existierte weiterhin auf dem Oktober-
fest, im Karneval, an öffentlichen Orten oder hinter ver-
schlossenen Türen im privaten Umfeld oder am Arbeitsplatz.

Der »Sexmob« in Köln sei eine weitere und verschärfte Variante sexualisierter Gewalt. »Tahir-Platz in Deutschland« wurden die Ereignisse genannt. Es gibt jetzt eine Neuauflage der Solidaritätskampagne von #aufschrei unter dem Hashtag #ausnahmslos. Gegen sexualisierte Gewalt *und* Rassismus.

Die Opfer sexualisierter Gewalt in Köln und anderswo sollten das eigentliche Thema sein und kein Mittel zum Zweck. Aber leider hielt sich kaum jemand daran, und so wurden sie einfach benutzt. Ein zweiter Missbrauch.

Der Hochsicherheitskarneval

Die Welt schaute auf Köln. Die Metropole des multikulturellen Miteinanders. »Drink doch ene met« – lass uns Freunde sein auf ein Getränk – heißt ein berühmtes Lied der Bläck Fööss, der Band für das kölsche Gefühl. Köln hatte das Image der weltoffenen Stadt. Seit Ewigkeiten feierte man hier das Zusammenleben unterschiedlichster Menschen mit unterschiedlichster Herkunft und unterschiedlichsten Lebensentwürfen. Diversity als Lebensgefühl. »Unsere Stammbaum« – auch ein Lied der Bläck Fööss – bringt die besondere Mentalität ebenfalls gut auf den Punkt.

Der Flüchtlingsaufgaben hatte man sich hier tatkräftig angenommen. Monatelang gab es schon ein Drehkreuz für Flüchtlinge am Kölner Flughafen. Gäste waren hier stets willkommen. Köln hatte immer ein Herz für Gäste. Egal, woher. Gerade zu Karneval eroberten sie die Stadt. Zusammen feiern, zusammen singen, zusammen tanzen und trinken. Manche sprachen von einer »freundlichen Übernahme« der Stadt an den Karnevalstagen. Und ausgerechnet hier kam es zu kriminellen Übergriffen in der Silvesternacht, die das

Vertrauen der Kölner/innen erschüttert hatten. Gerade der Karneval, der spielerische Dialog der Geschlechter und das flirrende Schauspiel der Fantasien, stand nun im Scheinwerferlicht der Überwachung. Weil das Volksfest eine Kulisse für Täter aller Art bilden könnte. Das musste die Stadt mit allen Mitteln verhindern. Köln sollte kein Platz für Spielverderber welcher Couleur und Motivlage auch immer werden.

Köln war zu Karneval immer im Ausnahmezustand. Feierlaune bis zum Abwinken. Nun kam ein zweiter Ausnahmezustand dazu: totale Überwachung der Feiergesellschaft. Köln hatte seine Unschuld verloren. Das Bedrohungsszenario zeigte Wirkung. Die Menschen bewaffneten sich mit erlaubten Mitteln und besprachen Verabredungen wie Einsatzpläne. »Karneval? Jetzt erst recht!«, konnte man hören. Eine emotionale Gratwanderung und eine Bewährungsprobe für alle Seiten war das. Eine Möglichkeit der Selbstheilung aber auch. Genährt von der Hoffnung: Gelingt die gigantische Feierei, dann wächst das Vertrauen in die Lösbarkeit der Flüchtlingssituation wieder. Misslingt das Sicherheitskonzept, dann eskaliert die Situation in der Flüchtlingsfrage bundesweit.

Henriette Reker dazu: »Die Weltöffentlichkeit schaut auf Köln!« Sie zeigte sich – um ein sichtbares Zeichen des Optimismus und der Unverwundbarkeit zu geben – an vorderster Feierfront und fuhr in Gardeuniform auf dem Wagen der Roten Funken mit. Die Tage von Weiberfastnacht bis Rosenmontag blieben weitgehend friedlich. Das Aufatmen Kölns war deutlich zu hören. Ein heftiger Sturm bedrohte kurzzeitig die Feiergesellschaft und schien die Absage des Rosenmontagszuges zu erzwingen. Doch der Zugleiter setzte den Zug trotzig in Gang und wurde als Held gefeiert. »Düsseldorf sagt den Zug ab – Köln den Sturm«, war zu lesen. Reker: »Die dunkle Wolke über Köln hat sich verzogen.«

15. Dezember 2015

Erleichterung. Und auch ein bisschen Demut. In einer Viertelstunde soll es so weit sein. Ich hatte Metalldetektoren erwartet, zumindest kenne ich das vom Besuch von Fernsehstudios. Aber hier reicht eine kritische Musterung durch den Mitarbeiter des Sicherheitsdienstes, um Einlass zu erhalten. Und Eintrittskarten, die nach Bekanntwerden des Anlasses in Minuten vergriffen waren. Ich betrete erstmalig die Zuschauertribüne im Rathaus. Plötzlich läuft der Film wieder, aus dem ich am 17. Oktober schlagartig herausgerissen wurde. Es fühlt sich so an, als befände ich mich auf einer der Dutzenden Veranstaltungen im Wahlkampf. Doch der ist lange vorbei. Henriette Reker wird heute ihren Eid ablegen und eine Aussicht auf das geben, was sie sich als erste Oberbürgermeisterin für Köln vorgenommen hat. Die erste Frau an der Spitze einer Millionenstadt. Die erste Frau an der Spitze von Köln nach der Stadtgründerin Agrippina. Hierauf haben wir ein Jahr hingearbeitet.

Viele bekannte Gesichter unter den 140 Gästen auf der Tribüne.

»Kann Frau Reker schon wieder richtig sprechen?«, fragt mich ein Mitstreiter aus dem Wahlkampf.

Ich muss mich erst besinnen, bevor ich verstehe, worauf der Fragende anspielt. Ein Angreifer hatte Henriette Reker einen Tag vor der Wahl mit einem Messer zehn Zentimeter tief in den Hals gestochen. Zweimal durchtrennte der Attentäter ihre Luftröhre. »Viel besser, als ich das auf einer so großen Bühne heute könnte«, erwidere ich.

»Wie fühlt sich das heute für Sie an?«, fragt mich ein Medienvertreter.

»Gut. Heute ist endlich der Abschluss.« Der hätte nämlich eigentlich am 13. September stattfinden sollen. Dann am 18. Oktober. Ich werde das Wahlprogramm noch auf dem Weihnachtsmarkt verteilen, habe ich Freunden gegenüber nach der Wahlverschiebung im September gescherzt. Ein Besuch auf dem Weihnachtsmarkt würde sich heute tatsächlich anbieten.

Perry Somers, Rekers Ehemann, nimmt neben mir auf der Tribüne Platz und verrät mir, dass seine Frau heute Morgen das erste Mal ein bisschen aufgeregt war. Er sieht stolz aus. Henriette Reker betritt den Ratssaal verspätet und wird von Politiker/innen, Kolleg/innen und Mitarbeiter/innen herzlich umarmt. Eigentlich sollte die Ratssitzung um 14 Uhr beginnen, doch zunächst musste der Andrang der Journalist/innen im Erdgeschoss bewältigt werden. Somers schickt seiner Frau eine Kusshand, sie winkt und strahlt übers ganze Gesicht. Dann bimmelt die Ratsglocke, ausgelöst von der Bürgermeisterin. Sie ist Mitglied der Partei, deren Macht die parteilose Reker infrage gestellt – und trotz aller Widerstände gewonnen hatte.

»Oberbürgermeisterin ist das schönste Amt in Köln, es verlangt der Amtsinhaberin aber auch viel ab. Wohl auf niemanden traf das bereits im Vorfeld so zu wie auf Sie. Wir sind alle außerordentlich froh, dass Sie heute bei uns sind«, sagt die Bürgermeisterin zu Beginn der Sitzung.

Nicht nur für diejenigen, die im Wahlkampf mit Gerüchten über ihren angeblichen Kirchenaustritt und die Führung einer Scheinehe ihre Glaubwürdigkeit in konservativen Kreisen erschüttern wollten, gibt Reker Minuten später christlich selbstbewusst zu Protokoll: »So wahr mir Gott helfe!«

Nach der Vereidigung skizziert sie Kölns größte Probleme, benennt ihre Haltung und ihr Rollenverständnis. »Vor Ihnen steht die dankbarste und glücklichste Oberbürgermeisterin Deutschlands. Ich danke Ihnen allen für die tiefe Herzlichkeit und Anteilnahme!« Sie spielt auf die Menschenkette an, die am Tag des Attentats vor dem Rathaus gebildet worden war, auf Hunderte Blumensträuße, auf über tausend Genesungskarten aus allen Teilen der Welt. Auf Umarmungen und persönliche Wünsche der Kölnerinnen und Kölner auf offener Straße, seitdem sie das Krankenhaus verlassen hat. »Jetzt weiß ich erst recht und ganz genau – und eigentlich wusste ich es schon immer: Kölle es mih wie e Jeföhl. Kölle es e jroß Metjeföhl! (Köln ist nicht nur ein Gefühl. Köln ist ein großes Mitgefühl.)« Sie schließt den obligatorischen, aber auch herzlichen Dank an ihren Vorgänger Jürgen Roters an und zeigt gleich zu Beginn ihrer Amtszeit, was manche Vertreter der vor ihr sitzenden politischen Klasse gegen Amtsende des letzten Oberbürgermeisters vermissen ließen: Anstand.

Dann geht es zur Sache, denn Reker hat sich viel vorgenommen: »Ich stehe für einen neuen Politikstil. Der hat genauso zur Wahl der Oberbürgermeisterin gestanden wie ich selbst. Und die Wählerinnen und Wähler haben beides gewählt – im ersten Wahlgang mit absoluter Mehrheit. Es geht um eine neue Entscheidungskultur der Offenheit und Sachlichkeit: nicht vorrangig Mehrheiten vorauszusetzen, sondern Mehrheiten zu überzeugen – zum Besten der Stadt und ihrer Einwohnerinnen und Einwohner. [...] Ich bin voller Zuversicht, dass es den Verantwortlichen [in den Fraktionen] gelingt, auch gegen Traditionen und Traditionalisten ein Gestaltungsbündnis zustande zu bringen, eine Gestaltungsverantwortung neuer Sachlichkeit, mit der Offenheit gegenüber allen demokratischen Parteien. Meine Stimme im Stadtrat gehört daher immer dem überzeugendsten Vorschlag und den besten Argumenten.«

Das wäre tatsächlich ein Paradigmenwechsel, der sich auch in der zukünftig von ihr geführten Verwaltung zeigen soll: »Die Verwaltung untersteht ausschließlich der Oberbürgermeisterin als Leiterin der Behörde. Sonst niemandem. Ich unterstütze aus voller Überzeugung jede politische Betätigung von Mitarbeiterinnen und Mitarbeitern – jedoch im Wesentlichen außerhalb der Dienstzeiten und immer außerhalb der Dienstobliegenheiten. Ich gebe mir in Zukunft alle Mühe zu widerlegen, die Stadtverwaltung müsse in ihrer politischen Zusammensetzung so strukturiert sein wie der Rat der Stadt Köln. Die Verwaltung ist nicht das Spiegelbild des Rates. Führende Stellen werden nach Eignung und nachgewiesener Fähigkeit und nicht nach Parteibuch besetzt.«

Reker will Kölns Interessen zukünftig im Vorstand

des Städtebundes vertreten und die regionale Zusammenarbeit auf der Rheinschiene stärken. »Vielleicht ist eine Städtepartnerschaft mit Düsseldorf der richtige Weg?« – Diese die Rivalität der beiden Städte ignorierende Anregung wird einigen Zeitungen am nächsten Tag eine Schlagzeile wert sein. Reker spricht über die Herausforderungen der wachsenden Metropole Köln, über bezahlbaren Wohnraum, die Verkehrsinfrastruktur und Fragen der Umwelt und Integration.

Der Attentäter vom 17. Oktober hatte Henriette Reker als Sozialdezernentin mitverantwortlich für die Flüchtlingsbewegungen gemacht. Als Oberbürgermeisterin bekräftigt sie ihre Entschlossenheit und die Hilfsbereitschaft, indem sie das Thema hervorhebt: Die Flüchtlingsfrage »kann nicht isoliert betrachtet werden von den fundamentalen Grundwerten, auf die sich unser Land gründet und um die uns viele Staaten in dieser Welt beneiden. Deshalb ist es unsere moralische Pflicht, Menschen, die in ihrer Heimat brutalsten kriegerischen Auseinandersetzungen und Verfolgungen ausgesetzt sind und die um Leib und Leben fürchten müssen, auch hier bei uns in Deutschland aufzunehmen. Das Grundrecht auf Asyl ist höchstpersönlich, und darum sind die Geflüchteten, die wir aufnehmen, nicht abzählbar. Wir befinden uns inmitten einer konkret gewordenen Globalisierung. Wir müssen einen Teil unseres Wohlstandes teilen. Deutschland gehört zu den reichsten Ländern der Welt. Und 10 000 Geflüchtete in einer Stadt mit einer Million Einwohnern – unter einem Prozent! – sind keine Zumutung.

Wir müssen uns befassen mit den notwendigen Maßnahmen der Integration, die in unserer Verantwortung liegen. Mit den Geflüchteten verändert sich unsere Stadt. Die Geflüchteten mögen alles verloren haben, Haus und Hof, Familie und Freunde. Aber eines haben sie nicht verloren: Das sind ihre Talente. Wenn wir diesen Schatz heben, wenn es uns gelingt, aus einem großen Teil von Leistungsempfängern Leistungsträger zu machen, dann ist das der erste Schritt zur gelungenen Integration. Wir müssen und werden alles dafür tun, dass sehr bald die Turnhallen wieder unseren Schülerinnen und Schülern für den Sportunterricht zur Verfügung stehen. Aber ich habe überhaupt kein Verständnis dafür, wenn unter dem Deckmantel der Sorge Vorurteile gegen Fremde geschürt werden.«

Ich bin beeindruckt. Das scheinen viele zu sein: Um mich herum Ovationen auf der Tribüne, unten im Ratssaal stehen die Mitglieder der Fraktionen von CDU, Grünen und FDP auf und spenden donnernden Applaus. Dem schließen sich auch einige Mitglieder der SPD an. Ihr Fraktionsvorsitzender bleibt sitzen.

»Für mich persönlich steht fest: Mein Beruf – das ist Köln!« Gemeinsam mit den Bürgermeistern lässt Henriette Reker die Friedensglocke ertönen. »Lassen Sie uns nun zur Tagesordnung übergehen« – nach knapp einer Stunde ist die Amtseinführung damit vorbei. Weitere dreißig Minuten später trinken Perry Somers und ich einen Glühwein auf dem Weihnachtsmarkt.

Ein Erfahrungsbericht von Pascal Siemens

Das Attentat

Die Nacht war mal wieder kurz, aber heute wird ein besonderer Tag. Nach einem nicht enden wollenden Wahlkampf stehen nun die letzten 48 Stunden bevor. Sollte ich jemals ein Buch über den Krimi der letzten Monate schreiben, denke ich mir, wären die letzten Stunden ein schönes Kapitel. Das ist auch der Grund, warum ich die Tour zu den vielen Ständen der Parteien quer durch die Stadt heute begleite, anstatt im Büro die letzten Vorbereitungen für den morgigen Wahlabend im Rathaus zu treffen. Eine Riesenaufgabenliste habe ich dabei, die zwischendurch erledigt werden will. Dafür wird sich sicher Zeit finden, denke ich, aber es sollte alles anders kommen …

Um 8:00 Uhr steige ich mit Jonathan Briefs in unser Wahlkampffahrzeug ein. Eigentlich wollte ich auf der Rückbank ein paar E-Mails beantworten, aber ich muss fahren, weil mein Kollege Christian Stunz seine Fahrbereitschaft noch am Morgen abgesagt hat. Um 8:30 Uhr treffen wir bei Henriette Reker ein. Jonathan durchsucht lokale Zeitungen nach relevanter Berichterstattung. Im Team haben wir am Abend zuvor bis zum letzten Drücker die wichtigsten Wahlkampfbotschaften zusammengestellt – das war der Wunsch einer Redaktion.

Prompt steht heute in dieser Kölner Zeitung: Reker bekenne sich zur Willkommenskultur und mache sich stark für schnelle Hilfe und Integration.

8:45 Uhr. Zu dritt nehmen wir im Auto Platz und fahren los, erste Station: Wochenmarkt in Braunsfeld. Henriette Reker kauft hier regelmäßig ein und lotst mich zu einem nahe gelegenen Parkplatz.

8:55 Uhr. Wir treffen ein und laufen über den gesamten Markt, um die Stände der Unterstützer von CDU, Grünen und FDP zu erreichen. Wir machen mehrmals Halt, Reker scheint hier fast jeden zu kennen. Von überall strahlt ihr Herzlichkeit entgegen. Jonathan und mich fasziniert dabei eine fleischfressende Pflanze an einem Blumenstand. Und die mobile Kaffeebar. Hier werde ich mir später einen Espresso gönnen, der Tag wird schließlich lang. Wenige Minuten später sind wir am anderen Ende des Marktes angekommen und begrüßen Mitstreiter der Parteien.

Während Jonathan und ich uns in Gespräche verwickeln lassen, fackelt Reker nicht lange. Wir sind schließlich hier, um Nichtwähler/innen zum Wählen zu bewegen. Sie verteilt Rosen. Ich beobachte sie aus dem Augenwinkel und sehe einen Mann auf sie zukommen. Er verkauft ihr eine Obdachlosenzeitung und bekommt eine Rose obendrein. Ich widme mich wieder meinem Gespräch.

Dann höre ich einen Schrei. Plötzlich ist es, als ob die Zeit kurz stehen bleibt und dann verlangsamt fortschreitet. Ich fühle einen Sog negativer Energie in meinem Rücken, als ob sich dort eine Unwetterwolke zusammengebraut hätte, die nur darauf wartet, ihre Spannung in Blitz und Donner zu entladen. So muss sich Chaos anfühlen, denke ich einige Tage später.

Aber was war das eigentlich? Ich drehe mich um und sehe in ein unbekanntes Gesicht. Der Mann steht maximal einen Meter von mir entfernt und fixiert mich. In seinen Augen erkenne ich nur Wahnsinn. Eben konnte ich Henriette Reker noch sehen, wie sie Rosen verteilt. Jetzt ist da niemand mehr. Wo ist sie?

Ich sehe dem Mann noch immer in die Augen und verstehe nicht, was da gerade passiert ist. Ich verspüre das Bedürfnis, mich zu schützen. Reflexartig spanne ich meinen rechten Arm an und hebe ihn hoch. Dieser unbeschreibliche Wahnsinn in seinem Blick …

Wärme. An meiner Schulter. In meiner Schulter. Ich spüre eine ungewohnte Wärme. Von vorne betrachtet sieht das auf mich zuschießende Messer aus wie ein Dolch, der innerhalb von Sekunden drei- bis viermal auf mich einsticht. Mein Handgelenk, mein Unterarm und meine Schulter sind getroffen, aber das kann ich gegenwärtig nicht genau lokalisieren. Blut an meiner Hand. Ist meine Pulsader getroffen? Ich bin hellwach, springe einen Meter zurück und fixiere das unbekannte Gesicht. Der Mann steht reglos da, das Messer in der ausgestreckten Hand, und scheint in einer Art Trance verfallen. Ich drehe mich zu den Marktständen um. Eine Verkäuferin verpackt grünes Gemüse in eine durchsichtige Plastiktüte. Hier ist die Zeit irgendwie stehen geblieben. Oder blieb sie nur bei mir stehen?

»Krankenwagen und Polizei!«, rufe ich mehrmals ins Marktgeschehen.

Ein Passant eilt mir zu Hilfe. »Was ist passiert?«, fragt er.

»Ich weiß es nicht. Wir brauchen sofort einen Notarzt, Polizei und Hilfe!«, rufe ich.

Er sieht meine blutigen Schuhe. Meine Winterjacke verbirgt meine Verletzungen, aber das Blut tropft den Arm entlang zu Boden. Ein bisschen von dem weißen Polyesterschaum dringt aus dem blauen Stoff hervor, an den Stellen, die von dem Messer durchstochen wurden.

»Sie sind verletzt«, sagt der Mann und zerrt mich an die Seite eines Marktstandes. Auf einer Transportkiste soll ich Platz nehmen, damit er meine Jacke ausziehen kann. Der Blick zur Straße ist mir von hier aus verborgen.

»Wir brauchen sofort einen Notarzt, Polizei und Hilfe – vorne an der Straße!«, wiederhole ich. Eine Frau eilt herbei und setzt einen Notruf ab.

Mein Helfer sieht Fettgewebe aus meinem Unterarm dringen. »Wir brauchen einen Arzt«, schreit er und bemüht sich weiter, Jacke, Pullover und blutiges Hautgewebe voneinander zu trennen. Vom gegenüberliegenden Gemüsestand eilt eine Frau mit Einkaufskorb heran und stellt sich als Kinderärztin vor. Sie wirft einen Blick auf mein Handgelenk.

»Sie müssen vorne zur Straße. Ich weiß nicht, was da noch alles passiert ist«, sage ich zu ihr.

Bevor die Frau weghastet, gibt sie meinem Helfer die Anweisung, die Wunde zuzuhalten, um die Blutung zu stoppen. Ich frage mich, ob das mit einer nicht desinfizierten Hand sinnvoll ist, und im gleichen Moment fällt mir auf, wie absurd der Gedanke ist. Wie steril wird wohl die Waffe gewesen sein? Irgendwoher haben wir auf einmal einen Verbandskasten, und mein Helfer wickelt Mull um meinen Unterarm. Die Schulter blutet nur leicht, ich scheine hier nur gestreift worden zu sein.

Auf einmal steht Jonathan neben mir: »Pascal, wir fahren jetzt gleich in die Uniklinik. Du musst mit. Und ich brauche die Autoschlüssel. Henriettes Tasche und ihr Handy liegen im Auto. Ich muss Perry anrufen.«

»Was ist passiert? Wie geht es den anderen?«, frage ich und zeige auf meine Jacke, in der sich der Autoschlüssel befindet.

»Es sind mehrere Menschen verletzt. Henriette auch. Sie ist bei Bewusstsein und wird jetzt in die Uniklinik gebracht. Du kommst mit. Wir fahren nicht ohne dich!«, sagt er und verschwindet mit dem Autoschlüssel in der Hand.

Mein Helfer wundert sich, dass uns noch immer kein Sanitäter aufgesucht hat. Er presst weiterhin die abgebundene Wunde zu, und wir laufen gemeinsam zur Straße. Auf einmal suchen mich stechende, kaum auszuhaltende Schmerzen heim. Ich halte meinen Arm hoch und werde dabei von dem Mann gestützt. So schwer war mein Arm noch nie. Ein Sanitäter hastet auf uns zu, wendet sich ab und läuft in die Richtung, aus der wir kamen. »Hier ist der Verletzte«, ruft mein Helfer fassungslos, aber der Sanitäter ist verschwunden.

Vor uns auf der Straße offenbart sich ein chaotisches

Bild. Überall ist Flatterband gespannt, mehrere Dutzend Menschen irren umher, Sirenen sind zu hören, Krankenwagen und Polizeiautos sind aufgefahren. Von den Menschen, die ich kenne, ist niemand zu sehen.

Dann steht Jonathan wieder neben mir. »Wir fahren jetzt!«

Lange halte ich diese Schmerzen nicht mehr aus, denke ich. Ich will wissen, was passiert ist. Ich will wissen, wer verletzt ist. Ob jemand in Lebensgefahr ist.

»Sind Sie vernehmungsfähig?«, fragt mich eine Polizistin.

Wütend faucht mein Helfer sie an: »Der Mann ist nicht mal verbunden.«

Ich entschließe mich, der verschreckten Polizisten das Erlebte zu Protokoll zu geben.

»Tatwaffe?«, fragt sie.

»Das muss ein Riesendolch gewesen sein, bestimmt 30 bis 40 Zentimeter lang« sage ich; und das klingt für mich selbst unglaubwürdig. Wer soll denn einen solchen Dolch besitzen? Ein Samuraikämpfer? Vermutlich habe ich Wahnvorstellungen.

Nach einer Vollnarkose werde ich einige Stunden später in einer Onlinezeitung lesen, dass der Dolch ein Messer ist. Ein Jagdmesser mit einer Gesamtlänge von 46 Zentimetern und einer 31 Zentimeter langen Klinge, womit ansonsten die Wirbelsäule von erlegten Tieren durchtrennt und deren Eingeweide entfernt werden.

Während ich mit der Polizistin spreche, schnappe ich auf, dass der Täter in einen Buchladen geflohen sei. Das erklärt vielleicht die Hochspannung in der Luft und meine Wahrnehmung, dass die Situation noch nicht unter Kontrolle ist.

Ein Sanitäter kommt auf mich zu, erlöst meinen Helfer und bringt mich zu einem nahe liegenden Krankenwagen. Ich frage mich, wo Henriette und Jonathan sind. Mir gegenüber steht ein Fotograf. Kurzzeitig echauffiere ich mich innerlich, denke dann aber, er ist von der Polizei und dokumentiert den Tatort. Das ist naiv, wie sich später herausstellte.

Eine Notärztin fragt nach meinem Befinden, bittet mich, auf der Pritsche Platz zu nehmen, und entblättert meine Wunden. Sie verabreicht mir ein Schmerzmittel, und mir fällt auf, wie sehr mich ihr Gesicht an eine junge Dame erinnert, die ich in den letzten Monaten sehr häufig gesehen habe: »Sie sehen aus wie die Pressesprecherin von Jochen Ott.«

Noch bevor ich mich meinem Delirium hingebe, fragt sie mich: »Wo war denn das Sicherheitspersonal?«

Sicherheitspersonal?

Ein Erfahrungsbericht von Pascal Siemens

Es war der Samstag vor dem Wahlsonntag. Der letzte Wahlkampftag. Es sollte noch eine Tour zu insgesamt fünf Wahlkampfständen geben. »Abschlusstournee« hatten wir dem Tag als Überschrift gegeben. Auf 14:15 Uhr war die Abschlusskundgebung vor dem CDU-Wahl-Container auf der Schildergasse terminiert. Der CDU-Landesvorsitzende von NRW war als Gast geladen, neben diversen Vertretern der Kölner Kommunalpolitik aus den Unterstützerparteien. Danach war ein mehrstündiger Rückzug ins Wahlkampfbüro geplant. Pascal Siemens und ich wollten den Wahltag mit Henriette Reker in Ruhe durchdenken und vorbereiten. Klar war nur, Reker wollte frühmorgens am Wahlsonntag zur Verleihung des Friedenspreises des Deutschen Buchhandels nach Frankfurt fahren, um dann nach ihrer Rückkehr in kleinem Kreis den Wahlausgang abzuwarten.

Pascal und ich trafen uns am Samstagmorgen gegen 8.00 Uhr an der Tiefgarage in der Nähe des Kölner Rathauses. Das Wahlkampffahrzeug »Reker-Mobil« hing dort an der Steckdose. Wir holten Henriette Reker ab und machten uns, wie sie sagte, zu »einem Heimspiel in ihrer Heimat« auf. Dieser Wochenmarkt war und ist ein Stück Normalität für sie. Hier kennt man sich, hier plaudert man zwanglos und schaut sich beim Einkaufen zu.

Der Wochenmarkt ist relativ überschaubar, eine Straße, eingerahmt von den Marktständen: Blumen, Gemüse, Käse, Geflügel und was das Herz sonst noch begehrt. Reker begrüßte links und rechts die Marktbesucher. Viele wünschten ihr aus der Entfernung Glück. Andere schüttelten ihr die Hand. Wohlwollend war die Atmosphäre. Gelöst. Entspannt. Dann erreichten wir das Ende der kleinen Seitenstraße und fanden uns auf der Aachener Straße wieder, die KVB-Haltestelle Clarenbachstift gleich gegenüber. Rechts vom Ausgang der Seitenstraße mit dem kleinen Wochenmarkt hatten die

Wahlhelfer schon die Wahlstände aufgebaut. Ein CDU-Stand. Ein Grünen-Stand. Ein FDP-Stand.

Henriette Reker und wir erreichten zuerst den CDU-Stand und begrüßten die Wahlhelfer. Scherze flogen hin und her. Es war kurz nach neun. Reker bekam einen Strauß rot-gelbe Rosen. Nicht weit entfernt saß ein Mann, der hier traditionell die Obdachlosenzeitung verkauft. Samstagmorgen in einem Kölner Veedel. Pascal und ich sagten am Grünen-Stand Hallo. Dort schüttelten wir ein paar Hände und sprachen kurz über dies und das mit den Wahlkampfhelfern. Small Talk als Warm-up für den letzten Wahlkampftag.

Plötzlich gab es in unserem Rücken massive Unruhe. Tonloses Chaos. Wir standen nebeneinander und drehten uns intuitiv um. Ich sah Henriette Reker auf dem Boden liegen. Rundherum Aufruhr und blankes Entsetzen. Das Schlimme bei einem Messerangriff ist, dass es kein Geräusch macht, dachte ich kurz. Obwohl Pascal Siemens neben mir stand und mehrmals von dem Täter mit einem Messer angegriffen wurde, fehlen mir bis heute die Bilder dazu. (Inzwischen habe ich eine Zeugenaussage bei Gericht gemacht und feststellen müssen, dass ich bei der ersten Vernehmung am Tag selbst den Angriff auf Pascal beschrieben habe. Mein Gedächtnis verweigert mir diese Erinnerung bis heute. Posttraumatische Störung nennt man das wohl im Fachjargon.)

Ich wollte meinem ersten Impuls folgen und zu Henriette Reker, um ihr zu helfen. Pascal war verschwunden. Wie vom Erdboden verschluckt. Doch die »Bedrohungslage« war immer noch akut. Ich suchte aus Angst kurz

Deckung neben dem Grünen-Stand, um nicht auch noch verletzt zu werden. Der Täter in einer Art Trainingsanzug (später stellte es sich als Jeansjacke und Jeanshose heraus) hatte das lange Messer immer noch in der Hand und herrschte damit über die Situation. Kein Blut an dem Messer. Wie kann das sein, fragte ich mich.

An die Angriffe oder auch an eine Chronologie derselben kann ich mich nicht wirklich erinnern. Es gab Geschrei und Turbulenzen. Es ging alles sekundenschnell und dauerte trotzdem ewig. Irgendwann stand der Täter wie paralysiert einen Meter vom Schlachtfeld entfernt. Man wusste nicht: War es vorbei? War es die Ruhe vor dem nächsten Sturm? Würde er seine Blutspur bis in den Wochenmarkt ziehen? Die ganze Situation wirkte surreal, wie eingefroren in Raum und Zeit. Dann sah ich einen Mann mit einer Stange, die er wie einen Schild quer vor sich hielt. So als wollte er ein wildes Tier auf Abstand halten. Er forderte den Täter dazu auf, die Waffe fallen zu lassen. Dieser reagierte überhaupt nicht mehr. Er wirkte wie in Beton gegossen.

Dann konnte ich eine Polizeisirene hören. Das schien den Täter aus seiner Erstarrung zu lösen. Er warf das Messer in Richtung CDU-Stand und schrie: »Sie zerstören unser Land!«

Eine Frau von der CDU zeigte mir mit schreckensweiten Augen die Stiche, die sie im Bauch getroffen hatten. Ich bat sie immer wieder, sich hinzusetzen und auf die Ärzte zu warten. Sie war kaum zu beruhigen. Der CDU-Chef wirkte zutiefst entsetzt und versuchte wie wild zu telefonieren.

Ich lief zu Henriette Reker und kniete mich zu ihr hin. Sie fest im Blick, versuchte ich, mit ihr zu sprechen, während sie eingerahmt wurde von verschiedenen Menschen. Hinter ihr an ihrem Kopf kniete eine Frau, eine Ärztin, hieß es. Neben ihr lehnte eine völlig aufgelöste und unter Schock stehende Frau, die einen Schnitt im Gesicht erlitten hatte. Zu ihren Füßen hockte ein junger Mann, der dann verschwand und mit einem Verbandskasten wieder auftauchte. Daraus bot er mir und der Ärztin Plastikhandschuhe an, die ich aber ablehnte. Ich wollte auf keinen Fall, dass Henriette Reker bis zum Eintreffen der Sanitäter bewegt wurde. Es schien mir, als habe sie sich selbst in die stabile Seitenlage gebracht. Da wollte ich kein Risiko eingehen.

Henriette Reker hielt die ganze Zeit mit mir Blickkontakt. Sie sagte mir, ich solle ihren Mann anrufen. Das war schwierig. Sie hatte die Handtasche mit ihren Telefonen im Auto zurückgelassen. Den Schlüssel hatte Pascal. Aber wo war er? Ich blickte mich zum ersten Mal um. Da war ein CDU-Mann, der nicht aufhörte zu fotografieren, auch als ich ihn energisch aufforderte, das zu unterlassen. Daraufhin nahm ich einen Schirm von einem der Wahlkampfstände ab und stellte ihn als Sichtschutz vor Henriette Reker auf.

Endlich trafen die Rettungswagen ein. Ich wartete auf die beiden Sanitäter und nahm ihnen das Versprechen ab, nicht ohne mich in die Uniklinik abzufahren. Ich sagte Henriette Reker, ich würde ihre Handtasche aus dem Auto holen und sei gleich zurück. Dann machte ich mich auf die Suche nach Pascal. Ich fand ihn blutüberströmt und leichenblass in Begleitung eines Mannes an einem Marktstand sitzen. Er wirkte notdürftig versorgt, aber von Schmerzen gepeinigt. Ich brachte ihn an die Aachener Straße zu einem Rettungswagen. Dann nahm ich mir den Autoschlüssel aus seiner Jackentasche, lief über den Markt zu unserem Parkplatz und versuchte, das Auto aufzubekommen. Kein leichtes Unterfangen als führerscheinloser Nichtautofahrer. Aber es geht einiges, wenn man muss. Ich ergriff die Handtasche von Reker und schnappte mir die Sporttasche von Pascal. Irgendwie schloss ich dann sogar das Auto wieder ab. Dann rannte ich zurück zum Tatort.

Henriette Reker wurde versorgt. Ich signalisierte ihr kurz, dasss ich wieder da war, brachte Pascal seine Sporttasche und stopfte den Schlüssel in seine Hosentasche. Dann schrie plötzlich jemand, in dem Buchladen nicht weit entfernt vom Ort des Geschehens sei eine Person schwer verletzt worden, die noch die Tatwaffe im Unterleib stecken habe. Pascal musste warten und Platz machen, während das Chaos erneut losbrach.

Ich lief zu Henriette Reker und kniete mich zu ihr hin. Sie war immer noch wach und klar bei Sinnen. Wir sprachen mit Blicken und kurzen Worten. Die Sanitäter holten eine Krankenliege und hoben Henriette Reker darauf. Die ganze Zeit hatte sie offenbar die Wunde am Hals selbst zugehalten. Jetzt bekam ich ein Stück Mullbinde und sollte die Wunde zuhalten, weil die Pritsche mit einem Ruck aufgestellt werden musste. Wir fuhren Richtung Krankenwagen und holperten über einen Bordstein, Henriette Reker hatte Schmerzen. Ich hielt die Wunde zu, so gut es ging. Sie wurde in den Krankenwagen geschoben. Ich bestand darauf, in die Uniklinik mitzufahren. Man versprach mir, auch den verletzten Pascal dort hinzubringen.

Bevor ich den Krankenwagen besteigen konnte, hielten mich drei Polizisten zurück. Sie hatten in mir einen Hauptzeugen identifiziert, daher müsste ich eine Zeugenaussage machen. Ich bestand darauf, Henriette Reker ins Krankenhaus zu begleiten. Und nachdem ich meine Rolle im Wahlkampfteam klargemacht hatte, wurde ich von den drei Polizisten (wie in den schönsten Jungsträumen mit Martinshorn – wenn auch inmitten eines Albtraums) in die Klinik gefahren. Wir kamen gleichzeitig mit Reker an. Sie war immer noch bei Bewusstsein und wurde zur Notaufnahme-Intensivstation gefahren.

Ich versuchte, ihren Mann Perry Somers zu erreichen, doch waren ihre Handys natürlich gesichert, seine Privatnummer hatte ich nicht zur Hand. Pascal, den ich nun eigentlich um die Nummer bitten wollte, war entgegen der Zusage in ein anderes Krankenhaus gefahren und dort operiert worden. Ich versuchte, über das Team Reker an die Telefonnummer zu kommen. Die Presse hatte schon Lunte gerochen und observierte das Krankenhaus. Ich wurde unter Polizeischutz in den Personal-Aufenthaltsraum gebracht. Dort versuchten wir, Somers ausfindig zu machen. Ein Polizeipsychologe sollte ihn zu Hause mit zwei Polizisten aufsuchen und schonend über den Sachverhalt informieren. Hier sprach eine Polizistin mir gegenüber auch zum ersten

Mal von einem Tötungsversuch. Sie wies mich auch auf die Möglichkeit einer psychologischen Betreuung hin.

Plötzlich stand Perry Somers im Raum, in Begleitung einer guten Freundin, die über eine CDU-interne Telefonkette über das Attentat informiert worden war und ihn zu Hause abgeholt hatte. Er wirkte besorgt, aber auch ziemlich gefasst. Immer wieder kamen die Ärzte in den von der Polizei abgeschirmten Raum und berichteten über Rekers Zustand. Ihr Mann erzählte mir von Gesprächen zu Hause über die Gefahrenlage angesichts der zunehmenden »Prominenz« und von seinen Überlegungen, dass sie als »öffentliche Person« eigentlich Personenschutz benötige, gerade angesichts der Flüchtlingsdebatte und des damit einhergehenden Stimmungsumschwungs. Henriette Reker, die als Sozialdezernentin für das Thema immer offensiv verantwortlich zeichnete, hatte das wohl vehement abgelehnt.

Schließlich kam Henriette Reker nach Stunden des Wartens von der Notfallambulanz auf die normale Intensivstation. Dazu wurde sie einmal quer über den Krankenhausflur gefahren, an unserer kleinen Wartehalle vorbei. Immer noch wirkte sie ansprechbar. Ich meinte sogar, ein kleines Kopfnicken wahrzunehmen. Ihr Mann begleitete sie. Die Presse scharrte vor den Türen der Uniklinik mit den Hufen.

Die Polizisten nahmen mich wieder in die Mitte und brachten mich zum Polizeipräsidium. Dort galt es, eine Zeugenaussage bei der Kripo zu machen. Eine junge Kollegin verhörte mich zum Tathergang und zu den Folgen. Auch hier wurde mir ein Psychologe angeboten.

Auch für einen späteren Bedarf. Nur erhielt ich leider keinerlei Kontaktdaten, wie mir dann später zu Hause auffiel.

Gegen 14 Uhr verließ ich das Polizeigebäude. Vor der Tür saß der Kölner CDU-Chef Bernd Petelkau im Auto. Auch er war gerade aus der Vernehmung gekommen und wartete auf einen Parteikollegen, der noch befragt wurde. Petelkau war verständlicherweise immer noch völlig durch den Wind. Er hatte anscheinend in einer Tour telefoniert und Interviews gegeben. Er sprach davon, dass Reker auch einen Stich in den Unterleib erlitten habe. Und dass er glaube, sie würde an den Verletzungen sterben. Ich versuchte, ihn zu beruhigen: Es war genau ein Stich gewesen, gezielt in den Hals, gewiss mit klarer Tötungsabsicht. Sie war zwar schwer verletzt, aber nicht lebensgefährlich. So hatten das zumindest die Ärzte uns gegenüber dargestellt. Das beruhigte ihn etwas. Wir fuhren, nachdem der dritte Mann eingestiegen war, zurück in die Stadt.

Anstelle des Wahlkampfabschlusses am CDU-Container an der Schildergasse sollte es eine Kundgebung zum Attentat geben. Der Wahlkampf war abrupt beendet worden. Die Vertreter der Unterstützerparteien drückten ihr Entsetzen über die Tat aus. Das Team Reker sprach sich für besondere Rücksichtnahme aus. Journalisten umlagerten den Wahlkampfcontainer. Ein Gedränge ohne Ende. Die Schlagzeilen überschlugen sich. Andauernd kamen neue Meldungen zum angeblichen Gesundheitszustand Rekers herein. Gerüchte. Zum Teil politisch motiviert. Man wünsche ihr alles

Gute, aber ob sie nach so einem Vorfall überhaupt noch in der Lage sein würde, das doch sehr schwere Amt der Oberbürgermeisterin in einer Millionenstadt zu übernehmen, das sei doch sehr zweifelhaft, konnte man lesen. »Unwählbar« und »tragischer Bonus« standen als Schlagwörter im Raum.

Mutmaßungen über den Tathergang. Interviewanfragen. Sensationsgier. Panikmache. Ich traf dort zum ersten Mal nach dem Attentat auf die anderen Mitglieder des Teams Reker. Wir verließen den Ort und begaben uns Richtung Wahlbüro am Rhein. Der Weg durch die Schildergasse, eine der belebtesten Einkaufsstraßen Deutschlands, war eine Herausforderung für mich. Immer wieder zuckte ich zusammen, wenn mir entgegenkommende Menschen etwas zu nahe kamen. Als mich jemand nach dem Weg fragte, schreckte ich unwillkürlich zusammen. Ein Obdachloser, der nur etwas Kleingeld von mir wollte, brachte mich kurz in Panik. Ich stand eindeutig unter Schock.

Im Wahlbüro herrschten große Betroffenheit und Sorge. Mit meinen Schilderungen konnte ich die Situation etwas entschärfen. Nur blieben einige Fragen: Würde die Wahl stattfinden? Wenn ja, wie gehen wir damit um? Was machen wir bei welchem Ergebnis? Das Team Reker brauchte eine neue Führung. Nachdem ich mit Pascal, gerade frisch aus dem OP gekommen, telefoniert hatte, stand fest: Ich musste die Richtung vorgeben.

Ein Erfahrungsbericht von Jonathan Briefs

Einen Tag vor der Oberbürgermeisterwahl am 17. Oktober 2015 wird Henriette Reker lebensgefährlich verletzt. Sie besucht eine Wahlkampfaktion der unterstützenden Parteien CDU, Grüne und FDP auf dem Wochenmarkt in Braunsfeld und verteilt Rosen an die Marktbesucher/innen. Frank S. schleicht mehrfach um Reker und ihr Team herum, dann reicht Reker ihm eine Rose zur Begrüßung. Sie ahnt nicht, dass der Mann im Kapuzenpulli, mit Jeansjacke und schwarzer Strickmütze gekommen ist, um sie zu ermorden. Mit einer 31 Zentimeter langen Klinge sticht er ihr zehn Zentimeter tief in den Hals, spaltet einen ihren Brustwirbel und verpasst nur knapp die Halsschlagader. Die Rosen klatschen auf den Asphalt, Reker fällt zu Boden, presst ihren Finger in den Stichkanal und bringt sich selbstständig in eine stabile Seitenlage.

Mit dem großen Bowiemesser und einem kleineren Messer vom Typ Butterfly verletzt der Attentäter unterdessen vier weitere Personen: Die FDP-Ratsfrau Katja Hoyer erleidet eine Stichwunde an der linken Wange, Marliese Berthmann (CDU) wird vom Täter in den Unterbauch gestochen, Anette von Waldow (FDP) wird durch zwei Stiche an der Hand und am Brustkorb verletzt, Rekers Wahlkampfkoordinator Pascal Siemens (Grüne) erleidet tiefe Schnitte am rechten Unterarm und in der Schulter, die nur knapp Schlagader und Lungenflügel verfehlten.

Während er zusticht, wirkt der Attentäter wahnhaft und schreit, er müsse den Messias retten und die Gesellschaft beschützen. Mehrere Personen versuchten, ihn in Schach zu halten, dabei werden sie von einem zufällig anwesenden Bundespolizisten unterstützt. Bis zum Eintreffen der Rettungskräfte leistet eine ebenfalls zufällig anwesende Ärztin Erste Hilfe. Der Notruf erreicht die Feuerwehr um 9:04 Uhr, erste

Einsatzkräfte der Polizei treffen um 9:09 Uhr ein. Der Attentäter hat seine Messer bereits weggeworfen und lässt sich ohne Widerstand festnehmen. »Ich habe es für euch alle getan«, verkündet er am Tatort. Die Verletzten werden in verschiedene Krankenhäuser gebracht. Reker überlebt das Attentat nach einer Notoperation im Universitätsklinikum Köln.

»Ich wollte sie töten, um Deutschland und auch der Polizei einen Gefallen zu tun«, und »Ich wollte in zwanzig Jahren nicht in einer muslimisch geprägten Gesellschaft leben«, lässt der Attentäter die Polizisten auf dem Weg ins Präsidium wissen. »Ich hoffe, sie wird an ihren Verletzungen noch sterben.«

Wer ist der Attentäter?

Frank S. ist zur Tatzeit 44 Jahre alt, gelernter Maler und Lackierer, seit einigen Jahren arbeitslos und lebt von Hartz IV. Mit zwanzig anderen Kindern wuchs er in einer Pflegefamilie in St. Augustin auf, lebte in Bonn und seit fünfzehn Jahren in Köln, zuletzt in einer kleinen Erdgeschosswohnung im Stadtteil Nippes. Frank S. goss die Blumen und versorgte die Kaninchen der Kinder, wenn sein Vermieter im Urlaub war, ansonsten bekam ihn kaum jemand zu Gesicht.

Bei der Razzia in seiner Wohnung finden die Ermittler am Nachmittag des 17. Oktober zu ihrem Erstaunen eine besenreine Wohnung vor; die Festplatten des Computers sind ausgebaut, und es gibt keine Spur von Notizen, Dokumenten oder Papieren.

Die Tat war sorgfältig geplant. »Ich bin heute Morgen aufgestanden, um heute Abend als Mörder im Gefängnis zu sitzen«, sagt S. den Polizisten nach seiner Festnahme.

War der Attentäter in den 1990ern für den Verfassungsschutz tätig?

Wenige Stunden nach dem Attentat gibt der leitende Kriminaldirektor der Polizei Köln auf einer Pressekonferenz bekannt: »Der Täter gab an, aus fremdenfeindlichen Motiven gehandelt zu haben. [...] Wir haben im Rahmen der ersten Ermittlungen festgestellt, dass er wohl alleine gehandelt hat. Wir haben bislang keinerlei Erkenntnisse, dass weitere Personen an dieser schlimmen Tat beteiligt waren. Zu der Person haben wir im polizeilichen Bereich bislang keinerlei Erkenntnisse.«

Keine Erkenntnisse? Antifa-Gruppen aus Nordrhein-Westfalen zeichnen am Sonntag ein anderes Bild vom Attentäter: In den 1990er-Jahren war der damals in Bonn-Beuel wohnende Frank S. in der besonders aggressiven und militanten rechtsextremen Freiheitlichen Deutschen Arbeiterpartei (FAP) organisiert, die offen zu Brandanschlägen in Flüchtlingsheimen aufrief. Er war bundesweit bei Naziaufmärschen zu sehen. Eine Informationsschrift der Antifaschistischen Jugend Bonn zeigt ein Foto von ihm, das 1993 bei einem Heß-Gedenkmarsch zum Todestag des Stellvertreters von NS-Diktator Adolf Hitler in Fulda aufgenommen worden war. 1994 wurde Frank S. mit rund hundert Mitgliedern der FAP und Angehörigen der Wiking-Jugend vor der Deutschen Botschaft in Luxemburg festgenommen, wo sie »Märtyrer für Deutschland – Rudolf Heß!« und »Blut und Ehre für Rudolf Heß!« brüllten.

Frank S. soll zu den Skinheads in Bonn-Beuel gehört und sich mit Gleichgesinnten regelmäßig an Bahn- und Bushaltestellen getroffen haben. Er fiel durch gewalttätige Aktionen auf, war wegen Raubs und Körperverletzung vorbestraft und hatte unter Skins den Spitznamen »Messerstecher«. Das Amtsgericht Bonn verurteilte ihn 1996, 1997 und 1998, zuletzt zu einer Freiheitsstrafe von zehn Monaten ohne Bewährung, nachdem er in einer Diskothek mit einer Bierflasche zugeschlagen hatte. »Sein Anschlag in Köln zeigt auf gewalttätige Weise, dass sein rassistisches Weltbild gleich geblieben ist. Während noch darüber spekuliert wird, welches Motiv hinter der Tat steckt, sind wir uns sicher, welches Geistes Kind Frank S. ist«, resümiert die Antifa Bonn.

Die Öffentlichkeit wird hellhörig. Am Montag nach dem Attentat gibt NRW-Verfassungsschutzpräsident Burkhard Freier in einem Interview bekannt: »In den 90er-Jahren hatten wir Hinweise darauf, dass er sich der rechtsextremen Szene anschließen wollte, insbesondere der Freiheitlichen Deutschen Arbeiterpartei, die inzwischen verboten ist. Das bedeutet, dass er zumindest als Randfigur in der rechten Szene war. [...] Er ist in den letzten Jahren nicht weiter aufgefallen, hat sich auch nicht weiter geäußert, ist ab und zu mal im Internet aufgetaucht.« Frank S. soll kein Mitglied einer rechtsextremen Partei gewesen sein, 2008 allerdings Interesse an der NPD gezeigt haben.

Eine Kölner Zeitung will erfahren haben, dass seine Akte beim Jobcenter »als geheim eingestuft und gesperrt« ist. »Obwohl er nie mehr im Jobcenter auftauchte und sich um eine Stelle bemühte, erhielt er jahrelang Hartz IV.« Dieser Sperrvermerk führt zu Mutmaßungen über eine mögliche Verbindung zwischen Frank S. und dem Verfassungsschutz. Wurde er in den 90er-Jahren für Informationen über das rechtsradikale Milieu mit Steuergeldern bezahlt? Zwei Politiker begeben sich auf Spurensuche. Volker Beck, der innenpolitische Sprecher der Grünen-Bundestagsfraktion, stellt eine parlamentarische Anfrage zu den Hintergründen von Frank S.

»Die Bundesregierung ist nach sorgfältiger Abwägung zu der Auffassung gelangt, dass eine Beantwortung der Frage nicht erfolgen kann. Der Informationsanspruch des Parlaments findet eine Grenze bei geheimhaltungsbedürftigen Informationen, deren Bekanntwerden das Wohl des Bundes oder eines Landes gefährden kann«, antwortet das Bundesinnenministerium. Beck erklärt hierzu: »Weniger Information geht kaum. Diese Geheimniskrämerei lässt einen kritisch aufhorchen. Wenn der Verfassungsschutz nichts zu verbergen hat, soll er das auch sagen. Aus älteren Anfragen wissen wir, dass die Bundesregierung Nachfragen nach V-Leuten auch schon deutlich verneint hat.«

Eine ähnliche Anfrage stellt der Landtagsabgeordnete Daniel Schwerd (parteilos) an die nordrhein-westfälische Landesregierung. Die Antwort aus dem Landesinnenministerium erfolgt erst fünf Wochen später. Nach Schwerd »eine Verzögerung, für die es … keine Erklärung gibt und die bei diesen Dokumenten absolut unüblich ist«. Der Innenminister antwortet: »Eine Führung als Informant oder V-Person durch den Verfassungsschutz NRW wird aus Gründen des Geheimschutzes weder bestätigt noch verneint.«

Schwerd erklärt hierzu: »Diese Antwort ist vielsagend nichtssagend. Sie sorgt nicht gerade dafür, den Verdacht zu zerstreuen, dass der Verfassungsschutz zuvor über diese Person und ihre Gefährlichkeit genau im Bilde war. […] Sollte er V-Person gewesen sein, müssen wir das erfahren, eine Verstrickung des Verfassungsschutzes in diesen Mordversuch muss Konsequenzen haben. […] Die Verfassungsschutzbehörden stehen nach zahlreichen Affären, dem Versagen angesichts des NSU-Terrorismus und wegen indirekter Unterstützung der rechten Szene in der Kritik. Ihnen wird vorgeworfen, sich als auf dem rechten Auge blind gezeigt zu haben. Sollte auch der Reker-Attentäter im Vorfeld als Informant des Amtes tätig gewesen sein, wäre das ein neuer Tiefschlag für die Glaubwürdigkeit der Sicherheitsbehörden.«

Zu Beginn der Ermittlungen hat die Polizei keine, der Verfassungsschutz nur wenige Informationen über den Attentäter vorliegen. Das könnte an den Speicherfristen liegen, denn nach zehn Jahren müssen Daten über Personen gelöscht werden, wenn diese nicht mehr in Erscheinung treten. Nach Angaben des Jobcenters Köln gab es mit S. einen regelmäßigen Austausch. Auffälligkeiten in seiner Arbeitslosengeschichte seien nicht bekannt, er war zu regelmäßigen Vorsprachen im Jobcenter und habe sich an alle Regeln gehalten. »Seine persönliche Akte wurde erst nach dem Attentat gesperrt.«

Weltweite Empörung und Solidarität

Das Attentat löst eine weltweite Solidaritätswelle aus. Noch am selben Tag bilden zahlreiche Bürger und Politiker als Zeichen der Solidarität und gegen Gewalt und Extremismus eine Menschenkette vor dem Kölner Rathaus, darunter NRW-Ministerpräsidentin Hannelore Kraft (SPD), CDU-Landesparteichef Armin Laschet, FDP-Parteivorsitzender Christian Lindner, Oberbürgermeister Jürgen Roters, Oberbürgermeisterkandidat Jochen Ott, Kommunalpolitiker/innen und Mitarbeiter der Stadtverwaltung. Kraft verurteilt die »verabscheuungswürdige Tat. In Gedanken sind wir bei den Familien. Wir stehen hier zusammen als Demokraten, um ein Zeichen zu setzen. Gewalt ist nie ein Mittel der Politik.« Lindner kommentiert: »Wir wollen mit dieser Menschenkette ein klares Signal über Parteigrenzen hinweg geben, dass Gewalt niemals ein Mittel der politischen Auseinandersetzung ist. Die Bürger dieser Stadt könnten ihrerseits ein klares demokratisches Signal mit einer besonders hohen Wahlbeteiligung geben.«

Bei ihrem Kölner Auftritt am Abend widmet die irische Rockband U2 Henriette Reker den Song »Pride«. Der Gelsenkirchener Fußballverein FC Schalke 04 spricht öffentlich Genesungswünsche aus (Reker lebte viele Jahre in Gelsenkirchen). Aus der ganzen Welt erreichen Reker in den folgenden Tagen Tausende Genesungswünsche und einige Hundert Blumensträuße. Bundeskanzlerin Angela Merkel zeigt sich bestürzt, Vizekanzler und SPD-Vorsitzender Sigmar Gabriel schreibt auf seiner Facebook-Seite, er sei »schockiert über die hinterhältige Gewalttat«. Der Kölner Erzbischof Rainer Maria Woelki ist darüber »erschüttert, dass eine solch sinnlose Gewalttat den Wahlkampf überschattet«.

Das Attentat im Kontext der Flüchtlingsdebatte

In den folgenden Tagen werfen viele Politiker/innen dem fremdenfeindlichen Demonstrationsbündnis Pegida vor, die Stimmung in der Flüchtlingsdebatte aufzuheizen und den Weg für den Anschlag bereitet zu haben. »Dieser feige Anschlag in Köln ist ein weiterer Beleg für die zunehmende Radikalisierung der Flüchtlingsdebatte«, kommentiert Bundesinnenminister Thomas de Maizière. Er sei schon »seit Langem besorgt über die hasserfüllte Sprache und gewalttätigen Aktionen. Nicht nur der Rechtsstaat muss hier mit voller Konsequenz reagieren, sondern die gesamte Gesellschaft ist aufgefordert, ein klares Zeichen gegen jede Form der Gewalt zu setzen.«

»Pegida senkt die Hemmschwellen dafür, dass aus Worten Taten werden«, sagt Bundesjustizminister Heiko Maas. Armin

Laschet warnt, dass sich manche von »gefährlichen Worten und Bildern möglicherweise zu Taten anstacheln lassen«, und sagt: »Zu allen, die bei Pegida vielleicht auch nur mitlaufen: Schaut nach Köln!« Linke-Parteichefin Katja Kipping: »Pegida, AfD und Co haben ganz klar eine gesellschaftliche Stimmung mit angeheizt, die dann zu solchen erschreckenden Übergriffen führt.«

Anklage

Nach der Verhaftung wird Frank S. in der Justizvollzugsanstalt Köln-Ossendorf in Untersuchungshaft genommen. Er ist in einer Einzelzelle untergebracht und gilt als nicht suizidgefährdet. In einem psychologischen Gutachten wird er als »unterdurchschnittlich intelligent« eingestuft. Vor der Tat soll er sich Mut angetrunken haben, allerdings konnten keine Anhaltspunkte für den Ausschluss der Schuldfähigkeit des Angreifers festgestellt werden.

Gegen S. wird ein Ermittlungsverfahren wegen versuchten Mordes und gefährlicher Körperverletzung eingeleitet. Am 19. Oktober übernimmt der neue Generalbundesanwalt Peter Frank die Ermittlungen: »Nach den bisherigen Erkenntnissen war Frau Reker als für Flüchtlinge tätige Amtsträgerin dem Beschuldigten eine verhasste Symbolfigur, mit deren Beseitigung ein Klima der Angst bei allen in diesem Bereich engagierten Personen und eine entsprechende Signalwirkung erzeugt werden sollten. Dem war – auch wegen der damit verbundenen Gefahr für das Ansehen der Bundesrepublik im Ausland – durch Übernahme in die Strafverfolgung des Bundes entschieden entgegenzutreten.«

Am 2. Februar 2016 erhebt der Generalbundesanwalt Anklage gegen Frank S. wegen versuchten Mordes und gefährlicher Körperverletzung, die am Oberlandesgericht Düsseldorf vor dem Staatsschutzsenat verhandelt wird: »Es besteht der hinreichende Verdacht, dass der Angeschuldigte am Morgen des 17. Oktober 2015 auf einem Wochenmarkt in Köln-Braunsfeld versucht hat, die damalige Kandidatin für das Kölner Oberbürgermeisteramt heimtückisch und aus niedrigen Beweggründen zu töten, und dabei vier weitere Menschen zum Teil schwer verletzt hat. Nach dem Ergebnis der Ermittlungen wollte der Angeschuldigte Henriette Reker ausschließlich deshalb töten, weil sie als Beigeordnete für Soziales, Integration und Umwelt der Stadt Köln mitverantwortlich war für eine – aus seiner Sicht – verfehlte Politik in Ausländer- und Flüchtlingsangelegenheiten. Mit der Tötung von Henriette Reker wollte der Angeschuldigte ein Zeichen setzen und ihre Wahl zur Oberbürgermeisterin verhindern. Vor diesem Hintergrund handelt es sich um eine staatsschutzspezifische Tat von besonderer Bedeutung [...] Die Ermittlungen haben keine Anhaltspunkte für weitere Tatbeteiligte oder eine Einbindung des Angeschuldigten in eine terroristische Vereinigung ergeben.«

»Ich denke immer noch an das Attentat«

Der Bundesinnenminister und die Antifa sprechen einheitlich von einem »Anschlag«. Henriette Reker spricht, wenn sie von der Tat erzählt, von einem »Attentat«, nach eigener Aussage aber eher unbewusst. »Ich habe das nicht entschieden für mich, ob ich es so oder so nennen will. Anschlag hört sich für mich noch schlimmer an als Attentat. Paris war ein Anschlag. Natürlich bewerte auch ich das Attentat als versuchten Mord, denn es erfüllt die Tatbestandsmerkmale, wurde glücklicherweise eben nur nicht vollendet. Ich lebe ja, wie man sieht«, erklärt Reker. »Also, der objektive Tatbestand ist, dass man aus verschiedenen Mordmerkmalen – das sind Mordlust, Habgier, Rache und zur Befriedigung des Geschlechtstriebes oder sonst aus niedrigen Beweggründen – handelt. Das ist der objektive Tatbestand. Der subjektive Tatbestand ist, dass man eine Tat vorsätzlich begangen hat, also bewusst und gewollt, um eines dieser objektiven Tatbestandsmerkmale umzusetzen, und dann ist die Tat vollendet oder nicht. Es ist ja nicht gelungen, deswegen ist die Tat unvollendet geblieben. Aber heimtückisch war der Attentäter schon. Wenn du einen so anlächelst und einen dann abstichst, das finde ich, ist das schon …«

Erstaunlicherweise haben Menschen meist kaum ein Problem damit, Henriette Reker direkt auf das Attentat anzusprechen. Allerdings erzählen sie dann häufig eher davon, wo sie sich selbst zur Tatzeit aufgehalten, wann sie wie davon erfahren haben und wie es ihnen damit ergangen ist. Journalist/innen sind da etwas anders unterwegs. Am 20. November 2015 tritt Reker das erste Mal als Oberbürgermeisterin vor die Presse – knapp einen Monat nach dem Attentat. Sie trägt einen Schal. Perry Somers beobachtet, wie ein Journalist sie fotografiert und die Einstichnarbe am Hals durch eine Bildvergrößerung auf seinem Laptop sichtbar zu machen versucht. Ist das noch Journalismus, muss man sich fragen.

Bei der Pressekonferenz im Museum Ludwig sitzt sie in der Ausstellung »Neue Sachlichkeit« und spricht klar und nüchtern über den Mordversuch. Es wird direkt, schonungslos und im Detail nach dem Tathergang gefragt. Reker antwortet souverän, auch auf persönliche Fragen.

»Ich stand da mit den Rosen. Der Mann kam auf mich zu

und hat um eine Rose gebeten. Dann hat er das Messer herausgezogen und mir damit in den Hals gestochen. Er hat mich dabei freundlich angeguckt. Ich bin zu Boden gegangen. Todesangst hatte ich allerdings keine, auch wenn mich einige Menschen vor Ort ansahen, als müsste ich sterben.« Sie habe allerdings auch nichts weiter vom Tathergang und von den Angriffen auf die anderen Menschen mitbekommen. Sie habe sich nur voller Sorge gefragt, was wohl mit all den anderen geschehen sein könnte.

Einzig bei der Frage nach einer möglichen Opfer-Täter-Begegnung scheint sie bei der Pressekonferenz emotional berührt. Da schimmert die innere Fassungslosigkeit über die grausame Tat durch. Im Moment möchte sie ihm sicher nicht gegenüberstehen, antwortet sie. Sie fährt derzeit nicht einmal gerne an der Justizvollzugsanstalt vorbei, in welcher der Täter inhaftiert ist. »Das ist nicht belastend für mich, nur einfach unangenehm.« Und weiter: »Mein Gefühl gegenüber dem Täter ist Unfassbarkeit. Hass? Nein.«

»Man fragt mich immer: Wie fühlt es sich an, wenn so ein Messer durch den Hals geht? Im Kopf hat man die Wahrnehmung, du wirst auf offener Straße abgestochen, und das ist unglaublich entwertend. Das ist ein Gefühl vielleicht wie bei einer Vergewaltigung, ich weiß es nicht, das habe ich Gott sei Dank nie erlebt. Aber man spürt, dass man einfach nicht mehr sicher ist.«

Ihre Luftröhre sei komplett durchtrennt und der zweite Brustwirbel gespalten worden. Nicht eine Sekunde sei sie bewusstlos gewesen. »Meine größte Sorge war, dass ich mich falsch bewege und gelähmt sein könnte.« Sie habe sich selbst in eine stabile Seitenlage gebracht und die Wunde am Hals selbst zu komprimieren versucht, um die Blutung zu stoppen. »Ich habe bei einer Berufsgenossenschaft gearbeitet und mir dort unfallmedizinisches Wissen angeeignet. Ich wusste, was zu tun ist. Später haben mir die Sanitäter gesagt, dass ich genau das Richtige getan habe.«

»Mein Brustwirbel ist mittlerweile wieder zusammengewachsen. So werde ich in Zukunft die Amtskette um den Hals tragen können. Und nicht nur in der Hand.«

»Ich habe nicht viel Presse über das Attentat gelesen. Ich habe das ja unmittelbar miterlebt. Dann wurde ich zur Oberbürgermeisterin gewählt und lag derweil im künstlichen Koma. Die Wahl habe ich verschlafen. Mir fehlen die fünf Tage, die nach einem solchen Wahlkampf entscheidend sind. Die Seele muss da hinterherkommen.« Nachdem sie aufgewacht sei, habe ihr Mann ihr irgendwann gesagt, sie habe die Wahl gewonnen. Doch nicht an erster Stelle. Es war ihr, laut eigener Aussage, in dem Moment auch nicht so wichtig. Sie musste erst wieder ihre Körperfunktionen in Gang bringen.

»Ich glaube, dass man sich in Krisensituationen auf sich selbst besinnt und sich besser kennenlernt. Das Attentat hat mein Bewusstsein für den eigenen Charakter gestärkt. Ich habe die Gewissheit, ich kann mir was zutrauen. Was soll mich noch verletzen? Was kann mir noch passieren? Es ist bisher niemand zweimal Opfer eines Attentats geworden. Und ich werde nicht die Erste sein. Deshalb habe ich auch keine Scheu vor Menschenmengen. Ich kann das gut machen.«

Die Dinge bekommen eine andere Bedeutung, wenn man sie in Beziehung zu den Geschehnissen setzt. »Bei mir äußert sich das so, dass ich viel großzügiger zu mir selbst bin. Mit anderen auch, aber auch mit mir. Ich gebe schneller irgendwelchen Wünschen nach, ich bin nicht so streng mit mir, wenn ich mal etwas vergesse. Ich rege mich einfach über Kleinigkeiten nicht auf, und ich habe ein anderes Gefühl von

Endlichkeit bekommen. Ich weiß, dass die Zeit, die verstrichen ist, nicht mehr nachzuholen ist. Das Attentat macht mich weniger angreifbar. Ich will nicht sagen, gegen alle Vorwürfe geschützt, aber es macht mich weniger angreifbar. Es macht mich unabhängiger, weil ich wirklich nicht weiß, was noch Schlimmeres passieren soll, was mich noch mal so verletzen kann. Ich bin aber kein anderer Mensch geworden. Es haben sich vielleicht Eigenschaften verstärkt. Wie gesagt, dazu gehört, dass ich meine Unabhängigkeit noch stärker empfinde. Deshalb habe ich es vielleicht auch ein bisschen leichter mit dem Spott der ›Armlängen-Debatte‹. Was ist das im Gegensatz zu dem schrecklichen Erleben der Frauen am Hauptbahnhof? Es geht nicht um mich. Es geht um eine sichere Lage für Köln. Ich trete da ganz in den Hintergrund. So empfinde ich das, und deshalb macht es mir auch nicht so viel aus.«

Das große Interesse der Medien ehrt sie, aber sie glaubt: »Es liegt ja nicht an dem Amt, dass ich prominent bin, sondern an dem Attentat. Darauf hätte ich gerne verzichtet; jetzt gehört es dazu. Aber: Ich möchte mich nicht darauf reduzieren lassen, die Überlebende eines Messerattentats zu sein.« Ein Magazin hatte geschrieben: »Köln wählt Anschlagsopfer zur Rathauschefin.«

Die Menschen suchen ihre Nähe und wollen sie umarmen und drücken, das wird ihr manchmal etwas zu viel. Es gibt anscheinend eine Art »Heilserwartung« einiger Kölner/innen. Henriette Reker wirkte bis zu den Ereignissen der Silvesternacht fast sakrosankt. Die Fallhöhe ist immens hoch. »Eigentlich habe ich ja nichts Besonderes geleistet. Ich war beim Attentat einfach nur im falschen Film.«

»Ich bin auf keinen Fall ängstlicher geworden, eher im Gegenteil, ich bin entschiedener. Dieses Attentat auf mich, diese Gewalt von außen, hat meine Überlegungen, meine Werte und meine Entschlossenheit noch gefestigt. Ich trete von keiner Ansicht zurück.«

Den Geruch von Kaffee kann sie mittlerweile nicht mehr ertragen. Sie vermutet, dass der Attentäter kurz vor der Tat Kaffee getrunken und danach gerochen hat.

Die Rückkehr zum Tatort

Am Samstag, dem 19. Dezember 2015, kehrt Henriette Reker an den Ort des grausamen Geschehens, den Marktplatz in Köln-Braunsfeld, zurück. Am Tag vorher ist sie zu Gast in der WDR-Talkshow »Kölner Treff« gewesen. Einer der beiden zugesagten TV-Termine; es gab schon im Vorfeld den Jahresrückblick bei RTL. Öffentlichkeitswirksame Termine, die sie wahrnehmen wollte, um das riesige allgemeine Interesse zu befriedigen und auch um letztmalig Auskunft zu geben über die Tat und die Zeit danach. Aber in erster Linie, um endgültig und dauerhaft abzuschließen mit der Rolle als Opfer eines Attentats. Sie will in Zukunft nur noch als Oberbürgermeisterin von Köln wahrgenommen werden. Es gab Unmengen von Anfragen aus der ganzen Welt, die beiden genannten Fernsehauftritte waren ein Art Kompromiss und zudem zeitlich gut zu bewältigen. Sie wurden praktischerweise in Köln aufgezeichnet. Quasi vor ihrer Haustür.

Perry Somers, Pascal Siemens und Jonathan Briefs begleiten sie bei dem ersten Ausflug auf den Wochenmarkt. Der Wochenmarkt, auf dem sie früher immer einkaufen gegangen ist. »Ich bin jetzt das erste Mal wieder hier […] Ich habe kein schlechtes Gefühl dabei.« Viele geben ihr die Hand, freuen sich über ein Wiedersehen und wünschen Glück. Sie hat kein Problem damit, Menschen an sich heranzulassen. Sie unterhält sich gern und geduldig mit den Marktbesucher/innen und Händler/innen. »Die Menschen haben so sehr Anteil genommen, an dem, was mir widerfahren ist. Das ist einfach sagenhaft, und dafür bin ich dankbar.« Reker und ihr Mann kaufen ein paar Lebensmittel ein. Ein Stück Normalität ist zurückgekehrt. »Es ist ja nun nichts Besonderes: Ich gehe samstags einkaufen wie viele andere auch.«

Am Tatort an der Aachener Straße versuchen Henriette Reker und ihre Begleiter, sich zu erinnern. Sie rekonstruieren den Tathergang und stellen die Abläufe kurz nach. Zumindest so weit, wie es die Erinnerung jeweils zulässt. Dann wechseln sie die Straßenseite. Henriette Reker will sich bei einer Ladeninhaberin für einen Blumengruß und Genesungswünsche bedanken. Sie wirkt die ganze Zeit souverän, gut gelaunt und gefasst. Alle vier gehen zurück auf den Wochenmarkt. Perry Somers sagt, es sei richtig und wichtig gewesen hierherzukommen. Die Sonne scheint bei angenehmen 15 Grad. Ein Tag im Dezember.

Politischer Mord

Henriette Reker fühlte sich durch den Mord an Jo Cox, der britischen Labour-Politikerin, der sich vor dem Referendum über den Brexit im Juni 2016 ereignete, besonders berührt, weil er zeige, wie zufällig uns solche Täter treffen können und welches Glück sie hatte zu überleben.

»Ich bin sehr traurig, dass die englische Kollegin Jo Cox ein Anschlag das Leben gekostet hat, der aus denselben ausländerfeindlichen Gründen verübt wurde wie der auf mich. Diese Tat geht mir wirklich nahe. Ausländerfeindliche Parolen münden unweigerlich in Gewalt. Wir tragen die Verantwortung, dass es in Deutschland nie wieder so weit kommt.«

Sie befürchte weitere gewalttätige Attacken auf Einzelpersonen und hoffe, dass solche Taten wie der Mord an Jo Cox so viel Schrecken auslösen, dass sich diese Menschen wieder besinnen. Sie fürchte allerdings, dass es auch in Zukunft solche Fälle gebe werde. Sie möchte nicht recht behalten, aber es werde eine Weile so weitergehen. Im Moment herrsche ein politisches Klima, in dem Entgrenzungen bei der Sprache beginnen und in Gewalttaten enden. In den sozialen Netzwerken und in der politischen Auseinandersetzung sei eine derartige Verrohung zu erleben – das sei oft nur noch menschenverachtende Hetze. Wenn aber Hetze den Umgangston bestimme, dann sei das eine Aufforderung zur Gewalt.

Eine Umfrage unter tausend Bürgermeistern in Deutschland (kommunal.de) brachte zeitgleich eine »Hasswelle« ans Licht der Öffentlichkeit. Die Zahlen sprechen für sich und zeichnen ein schlimmes Bild. In 47 Prozent der Kommunen wurden Bürgermeister, Gemeinderäte oder Mitarbeiter persönlich beschimpft oder beleidigt. Sechs Prozent der Bürgermeister gaben an, auch körperlich attackiert worden zu sein, die Hälfte davon wegen der Flüchtlingspolitik. Und 52 Prozent fühlen sich in der Flüchtlingspolitik von der Bundesregierung »allein gelassen«. 38 Prozent kritisieren auch die Landesregierungen.

Das Oberlandesgericht Düsseldorf hat den Attentäter von Henriette Reker am 1. Juli 2016 zu 14 Jahren Haft verurteilt. Er habe versucht, ein Klima der Angst in Deutschland zu erzeugen, um damit das Verhalten von Politikern zu beeinflussen, hieß es in der Begründung. Die Bundesanwaltschaft hatte lebenslange Haft, der Verteidiger maximal 15 Jahre gefordert.

Der Attentäter von Henriette Reker hatte nach der Tat gerufen: »Sie zerstören unser Land!« Der Mörder von Jo Cox: »Britain first!«, den Schlachtruf der britischen Rechtsradikalen. Die Männer, die als Täter zurzeit besonders gegenüber Frauen jegliche Hemmung verlieren, sind keine wahnhaften Menschen. Sie sehen sich als »Rebellen«, die gegen ein »Terrorregime« kämpfen. Diese Täter leben in ihren Hasswelten. Aber nicht allein. Viele Menschen denken und fühlen anscheinend so. Im Internet. Bei Pegida und in der AfD. Sie fühlen sich im Recht. Wie der Attentäter von Henriette Reker. Aber wer einen Politiker, eine Politikerin angreift, ist nicht im Recht, dem geht es nicht um Werte. Ihm geht es um seine Ideologie und sein Ego.

14 Jahre. Weil er nichts für sich wollte und ihn damit nicht niedrige Bewegründe angetrieben hätten. 14 Jahre. Weil Henriette Reker nicht gestorben, sondern schnell wieder gesund geworden sei. Was natürlich nicht dem Täter zuzuschreiben sei. 14 Jahre. Weil er als einsamer, isolierter Mann im Internet ein verzerrtes Weltbild entwickelt habe. 14 Jahre. Dann ist der Attentäter wieder auf freiem Fuß. Wahrscheinlich früher.

Henriette Reker sagte nach der Urteilsverkündung nur eines: »Ich schaue jetzt nach vorne. Ich widme mich meiner Arbeit für die Stadt Köln weiterhin mit ganzer Kraft. Ich wünsche dem Attentäter, dass er zu der Einsicht kommt, dass Hass und Gewalt keine Lösung sind. Ich hoffe, dass das Urteil auch für meine Unterstützer und Unterstützerinnen, die beim Messerangriff verletzt worden sind, ein Schlussstrich sein kann, der hilft, die körperlichen und seelischen Verletzungen zu überwinden.« Gegen das Urteil legte der Attentäter fristgerecht Revision ein.

Der große AufREKER –
Henriette Reker im Porträt

Als eine Kölner Zeitung erstmals eine Kandidatur Henriette Rekers für das Amt des Oberbürgermeisters in Aussicht stellte, war die Überschrift »AufREKER« eine glatte Untertreibung. Allein ihre mögliche Kandidatur löste ein Beben in der politischen Szene aus. Aber warum? Wer ist diese Frau? Wie kam es zu diesem Aufreger?

Sie sagt: »Ich ticke kölsch.« – »Köln ist das, was mich am meisten interessiert, mein zentraler Lebensinhalt. Ich bin seit sechs Jahren wieder in Köln, ich war 35 Jahre weg. Zu Weihnachten war ich hier und zu Karneval, mal im Sommer. Aber ich habe die Stadt in dem Sinne nicht erlebt, ich habe sie besucht. Das ist ein ganz großer Unterschied. Ich habe Köln von außen glorifiziert. Ich bin eben eine passionierte Kölnerin. Das Schicksal teile ich mit Hunderttausenden anderen auch. Ich finde es eben toll hier.«

Sie sagt von sich: »Ich bin ein traditioneller Mensch. Ich bin wertkonservativ.«

Reker verfügt über eine Menge Lebens- und Berufserfahrung. Sie gilt als kompetent und resolut: »Ich trete nur zu meinen Bedingungen an und werde keine Kompromisse machen«, gab sie vor ihrer Kandidatur zu Protokoll. Das hat sie eingehalten. Sie hat keine Angst vor Auseinandersetzungen. Was auch schon der Kölner Kardinal Woelki zu spüren bekam, als sie im Februar 2015 als verantwortliche Dezernentin nach seiner heftigen Kritik an der Flüchtlingspolitik erklärte: Sie sei wegen der öffentlichen Äußerungen des Kardinals »etwas ratlos«. Die Entlastungsangebote der katholischen Kirche seien »nicht die Hilfestellung, die wir uns wünschen«. Sie teile seine Kritik an der Unterbringung. »Im Gegensatz zum Kardinal habe ich aber zu verantworten, dass Menschen ein Dach über dem Kopf haben«, sagte sie in einer Stadtratssitzung.

Schlägt man Reker, hält sie bestimmt nicht die andere Wange hin. Sie wirkt manchmal etwas scheu und gleichzeitig sehr selbstbewusst. Sie legt allergrößten Wert auf ihre Unabhängigkeit. Sie bemüht sich stets um einen moderaten Ton. Sie gibt sich kämpferisch.

Es geht ihr um die Haltung der Menschen. »Werte wie Transparenz, Fairness und Verlässlichkeit zählen für mich, auch in der Stadtverwaltung.« Und: »Ich finde, dazu gehört ebenfalls, dass Bessergestellte sich als eine Art Bürgergesellschaft der Bedarfe annehmen, die notwendig sind, um eine friedliche Stadtgesellschaft zu erhalten.«

Reker wird als »klar« und »ohne Schnörkel« beschrieben. Sie geht auf Menschen zu und schaut ihnen in die Augen. Ihre Sprache ist auf den Punkt, sie hat Humor. Der Gesprächspartner, der vor ihr steht, ist stets der wichtigste.

Die Vorteile als Frau im Oberbürgermeisteramt? »Höchstens, dass keine Kosten für Weiterbildung in Empathie aufgewendet werden müssen. Ansonsten sehe ich keine großen Unterschiede zwischen Mann und Frau. Mein Berufsweg hat mich gelehrt, dass die Kommunikation unter Frauen nicht unbedingt besser funktioniert.« – »Ich glaube, bei Führung gibt es nur wenige Prozent Unterschied zwischen Mann und Frau.«

»Ich denke, dass ich mehr auf die Handschrift des Rathauses achten werde, als es meine Vorgänger getan haben.«

Gibt es Nachteile als Frau im Amt? »Frauen haben andere Rüstzeiten als Männer. Allein durch den Friseur und das Auswählen von Abendkleidung. Das ist einfach so. Die muss man rechtzeitig anmelden im Oberbürgermeisterbüro.«

Henriette Reker ist stets praktisch und elegant gekleidet und trägt meist Hose und Blazer, Blusen und Seidentücher. Sie bevorzugt gedeckte Töne, wählt dezenten Schmuck – »zu viel macht alt« – und liebt Perlen wegen ihres natürlichen Schimmers. Der spöttische Ausdruck »Henriette Perlenkette« wurde im Wahlkampf als konservative Stigmatisierung benutzt.

»Ich glaube schon, dass ich eitel bin. Jeder ist eitel. Ich will so gut rüberkommen wie möglich.«

Sie liebt Musik. Klassik wie Beethoven und die Beatles. Sie macht keine Ferien, sondern unternimmt Reisen, die sie intensiv vorbereitet.

Die Pfingstrose ist ihre Lieblingsblume, die Blume symbolisiert in China unter anderem Vornehmheit, Heilung, Schönheit und Reichtum. Getrunken wird gerne Jasmintee. Im Winter auch australischer Rotwein.

Es war und ist für sie herausfordernd, als Überparteiliche den Spagat zu schaffen und allen Parteien gerecht zu werden.

»Sie werden wohl eine etwas gespaltene Persönlichkeit entwickeln müssen, oder?«, fragte eine Zeitung.

»Das glaube ich nicht. Man hat ja nie nur ein Thema zu bedienen im Leben. Ich kann das schon sehr gut trennen.«

Sie gab offen zu, kein Politikprofi zu sein. Ein Politologe meinte: »Sie muss noch lernen, als Spitzenpolitikerin zu agieren, wo jedes Wort auf die Goldwaage gelegt wird.« Reker sieht das etwas anders: »Man sagt mir eine schnelle

Auffassungsgabe nach, aber alles möchte ich von den Politikprofis gar nicht lernen.«

Henriette Reker sagte schon zu Beginn ihrer Kandidatur:
»Mut gehört dazu!« Sie sollte recht behalten.

Wie alles begann

Am 1. November 2014 wurde Henriette Reker in einem Zeitungsartikel zum ersten Mal mit einer Kandidatur bei der Oberbürgermeisterwahl in Verbindung gebracht. Im März 2014 hatte es zwischen Reker und dem Fraktionsgeschäftsführer der Grünen bereits ein erstes unverbindliches Gespräch gegeben, ob sie sich eine Kandidatur vorstellen könne. »Ich bin laufen gegangen. Ich habe ihn gar nicht weiterreden lassen, weil ich das Gefühl hatte, dem ist es ernst«, erinnert sich Reker.

Manche glauben, alles begann eigentlich mit der Kommunalwahl im Mai 2014 und der Entscheidung des amtierenden Oberbürgermeisters von der SPD, Jürgen Roters, seine Amtszeit auszuschöpfen, nachdem klar war, dass seine Partei ihn nicht wieder aufstellen würde. Damit wurden unwissentlich und ungewollt die Weichen für einen Machtwechsel in der viertgrößten Stadt Deutschlands gestellt. Der 31. Dezember 2013 war der Termin, zu dem alle Hauptverwaltungsbeamten – also auch Oberbürgermeister – in Nordrhein-Westfalen Farbe bekennen und sich erklären mussten, ob sie ihr Amt mit der Kommunalwahl 2014 vorzeitig aufgeben oder die gesamte Wahlperiode – in Roters' Fall bis Oktober 2015 – absolvieren wollten.

An jenem Tag gab es wohl ein Treffen der SPD-Spitze mit Roters, um ihn fristgerecht zur Aufgabe seines Amtes zu ermuntern. Doch es kam anders. Was ungewöhnlich war, denn Roters stand der SPD-Spitze immer nahe. Viele politische Entscheidungen und Prozesse hatte er mitgetragen, selten war er von der Parteilinie abgewichen. Doch mit seiner Entscheidung, seine Amtszeit auszuschöpfen, zerschlug er die Strategie der SPD-Köpfe, bei der Kommunalwahl im Mai 2014 auch direkt mit einem eigenen Kandidaten anzutreten. Das hätte die anderen demokratischen Parteien kalt erwischt. Die CDU war null vorbereitet. Sie war zu dem Zeitpunkt noch mit der personellen Neuaufstellung der Partei beschäftigt. Die Grünen hätten nur einen Zählkandidaten aufstellen können, denn als drittgrößte Partei hätte man im Wahlkampf Präsenz zeigen müssen. Aber es wäre dabei wahrscheinlich nur ums olympische Prinzip gegangen: Dabei sein ist alles. Ohne echte Chance, in die Stichwahl zu kommen. Die Wahl des Oberbürgermeisters zeitgleich mit der Kommunalwahl wäre somit ein Selbstläufer für die SPD geworden.

Doch Roters schien die Fortführung seines Amtes als eine »Frage der Ehre« zu betrachten. Über ihm lag der Schatten, nur der verlängerte Arm der SPD-Führung gewesen zu sein. Er hatte kaum sichtbare eigene Impulse gesetzt und öffentlich nie die offene Konfrontation mit seinen Parteigenossen gesucht. Offenbar fragte er sich nun: »Wie wird meine Amtszeit im historischen Rückblick beurteilt werden?«

Henriette Reker betont: »Ich wäre niemals gegen den SPD-Oberbürgermeister angetreten. Ich habe mir eigentlich gewünscht, dass er noch einmal kandidiert, weil ich davon ausgegangen bin, dass er dann ein stärkerer Oberbürgermeister sein würde als vorher. Weil er dann unabhängiger gewesen wäre. Er wäre dann nicht mehr auf das Wohlwollen der SPD angewiesen gewesen, dass er auch wieder vorgeschlagen wird. Ich habe viele Pläne mit ihm geschmiedet für die Stadt, die er nicht mehr umgesetzt hat, weil er vielleicht ausgebremst worden ist.«

Machen wir noch einen weiteren Schritt zurück in die Stadtgeschichte. 2009 musste ein Kandidat nicht die absolute Mehrheit, also mehr als die Hälfte der abgegebenen Stimmen, auf sich vereinigen, er gewann die Wahl schon mit einer relativen Mehrheit. Die in diesem Fall anzuberaumende Stichwahl zwischen den beiden bestplatzierten Bewerbern wurde erst 2011 wieder vom NRW-Landtag eingeführt. Der damals amtierende Oberbürgermeister Fritz Schramma von der CDU war ein volkstümlicher Lokalmatador, und es schien klar, dass ihm die Wiederwahl nicht zu nehmen war. Um einen solchen Durchmarsch zu verhindern, führten SPD und Grüne Gespräche über die Chancen eines gemeinsamen Kandidaten. Warum sich aufreiben, wenn man zu zweit bessere Chancen hat, den Konkurrenten zu schlagen? Es gab eine gemeinsame Findungskommission der beiden Parteien, und so kam der später siegreiche SPD-Vorschlag ins Spiel. Jürgen Roters hatte Verwaltungserfahrung und somit genug Kompetenz, die Verwaltung zu modernisieren. Im August 2008 wurde er zum gemeinsamen Oberbürgermeisterkandidaten von Rot-Grün ausgerufen.

Die SPD-Führung hatte vielleicht nicht wirklich an einen Sieg geglaubt. Roters war zunächst nicht mehr als ein attraktiver Vorzeigekandidat für die Partei. Der Einsturz des Historischen Archivs der Stadt Köln im Mai 2009 gab dem Ganzen eine dramatische Wendung. Schramma erwies sich in dieser schwierigen Ausnahmesituation als überfordert. In der Außenwirkung wurde er den Anforderungen einer professionellen Präsentation der Stadtspitze nicht gerecht. Es hagelte Kritik von allen Seiten, und Schramma trat überraschend als Oberbürgermeisterkandidat zurück. Die CDU, von dieser Entscheidung kalt erwischt, zog einen neuen Kandidaten aus der Tasche. Peter Kurth war eine interessante Figur. Er war ein Manager aus der privaten Abfallwirtschaft und Lobbyist des Bundesverbandes. Und er ist schwul. Er verkörperte damit eine Art urbane Strömung in der CDU. Dann machte die CDU den fatalen Fehler, die Frage nicht eindeutig zu beantworten, ob der Kandidat denn seine Zukunft in Köln sehe oder die Kandidatur für ihn nur ein weiteres Karrieresprungbrett sein sollte. Die Wahl gewann dann, nicht mehr so überraschend, der gemeinsame Kandidat von SPD und Grünen.

Springen wir wieder ins Jahr 2014. Mit der einsamen Entscheidung von Jürgen Roters, seine Amtszeit voll auszuschöpfen, galt es, die Karten für die Oberbürgermeisterwahl im darauffolgenden Jahr neu zu mischen. Denn nun ging es um eine reine Persönlichkeitswahl. Auf der Suche nach einem geeigneten Kandidaten spielte auch der sogenannte Köln-Faktor eine entscheidende Rolle. In Großstädten braucht ein Kandidat für den OB-Posten offenbar eine glaubwürdige Verwurzelung in der Stadt. Das zeigt sich in Berlin, Hamburg und München. Man kann nicht einfach wie ein Außerirdischer in einer Stadt landen. Es reicht nicht, den Wähler/innen irgendeinen Politiker zu servieren. Was es auch braucht, sind Erfahrung in der Kommunalpolitik sowie Kompetenz in der Verwaltung.

Henriette Reker brachte all diese Eigenschaften und Kompetenzen mit. In den Zeitungen war zu lesen, die CDU habe als erste Partei das Gespräch mit Reker gesucht. Und tatsächlich war es ein engagiertes CDU-Mitglied, das ihr eine Kandidatur vorgeschlagen hatte. Reker: »Sie sagte auf dem Ehrenamtstag 2013 zu mir: ›Du wärst doch eine gute Oberbürgermeisterin für Köln!‹ Darauf habe ich gesagt: ›Ich bin sicherlich keine gute Oberbürgermeisterin, weil man in Köln ja kaum Dezernentin werden kann, wenn man nicht parteilich gebunden ist.‹ Aber das war mehr so ein Geplänkel. Das habe ich jedenfalls so empfunden.«

Im März 2014 hatte es dann die beschriebenen unverbindlichen Überlegungen mit dem Fraktionsgeschäftsführer der Grünen gegeben. Reine Gedankenspiele. Überlegungen darüber, welche Gestaltungsmöglichkeiten Reker denn überhaupt hätte, wenn die SPD auch den neuen Oberbürgermeister stellen würde. Schon unter Roters waren viele Reformbemühungen, vor allem was die Verwaltungsstrukturen oder die Integrationspolitik angeht, im Ansatz gescheitert. Das würde in der Zukunft nicht besser werden. Als Oberbürgermeisterin hingegen hat man Gestaltungsmacht. Jedenfalls mehr als auf dem Posten einer Dezernentin. Langsam schien Reker sich an den Gedanken einer Kandidatur zu gewöhnen. Die Aussicht, in Zukunft nicht immer nur ausgebremst zu werden, sondern selbst die Strippen ziehen und das Gaspedal bedienen zu können, wurde augenscheinlich immer attraktiver.

Eines hatte Henriette Reker allerdings von Beginn an klargemacht: »Ich bin parteilos. Ich bleibe parteilos. Für mich ist diese Parteiräson nichts. Ich bin in einem Karnevalsverein und in einem Golfclub, und der ist weit weg in Australien. Dieser Zusammenschluss von Menschen, die eigentlich das gleiche Ziel haben sollten, aber es geben leider wenige die Richtung vor, und die anderen müssen mitmachen. Da hört es für mich auf. Für mich ist es dagegen ganz normal, dass sich viele Parteien unter die Idee einer professionellen Verwaltungsführung sammeln können. Ich biete einfach, und das ist vielleicht das Entscheidende, zuverlässiges Handeln an. Ich bin da überhaupt nicht ideologisch. Die Parteien können sich oft einfach nicht vorstellen, dass man politisch ist, ohne parteipolitisch zu sein. Mir geht es um Entscheidungen für Köln, mir geht es nicht um Entscheidungen für irgendeine Partei. Auch das ist politisch gestaltend, das, wie die Bürger/innen ihre Stadt haben wollen, umzusetzen. Dazu muss man nicht in einer Partei sein. Da setzt man das um, was die Partei will. Mein Selbstverständnis ist, mich nicht unterordnen zu wollen. Und in einer Partei muss man sich unterordnen, bis man deren Vorsitzender ist. In einer Reker-Partei gäbe es nur eine Person: mich als Vorsitzende. Eine Ein-Personen-Partei hat es bisher jedoch noch nicht gegeben, deswegen können wir uns das sparen.«

Es war früh klar, Reker würde immer auf einer gewissen Unabhängigkeit bestehen. »Ich habe immer formuliert, unter welchen Voraussetzungen ich überhaupt kandidiere. Ich habe immer gesagt, ich mache es nicht für eine Partei, ich tue es nicht für zwei Parteien, drei müssten es schon sein. Eine der drei Parteien hätte auch die SPD sein können. Mir war zwar klar, das würde nie passieren, aber das hätte mich nicht davon abgehalten. Das wäre ja ansonsten die Abkehr von dem gewesen, was ich immer für meine Stadt angestrebt habe – die Überparteilichkeit und Unabhängigkeit –, und es war meine Stadt, es ist meine Stadt. Da muss man sich an bestimmte Regeln halten.«

Dann, im Juni/Juli 2014 – die Kommunalwahl war abgehalten, und die Mehrheitsverhältnisse waren bekannt –, erhielt Reker Besuch von einer CDU-Delegation, die ihr signalisierte, man könne sich ihre Kandidatur vorstellen. Zuvor hatte die Partei eine ganze Reihe von Aspiranten diskutiert – ohne befriedigendes Ergebnis.

Die Nachricht, die CDU unterstütze den Vorschlag Reker, löste in der Presse und bei Teilen der Partei Unverständnis bis Entsetzen aus. Die Partei Adenauers! Die zweitgrößte Fraktion Kölns! Diese Partei, die Gestaltungskraft sein will, ist nicht in der Lage oder willens, einen eigenen Kandidaten aufzustellen? Eine Bankrotterklärung.

Die Presse spekulierte angesichts der gemeinsamen Unterstützung von Reker über eine künftige schwarz-grüne Koalition, und als sich auch die FDP dazugesellte, sogar über ein Jamaika-Bündnis. Einen solchen Plan hat es nach den Auskünften unserer Gesprächspartner/innen nie gegeben. Das hätten etwa die Grünen – aus historischen Gründen und wegen persönlicher Animositäten – nicht mitgemacht.

Reker sagt dazu: »Ich glaube, am Anfang ging es vielen darum, die SPD zu verhindern und eine Gegenposition aufzubauen. Mir nie. Aber es ist eine reine Legendenbildung, dass da eine Koalition zwischen den Grünen und der CDU angedacht gewesen wäre. Zu keinem Zeitpunkt war es angedacht. Es wäre mir recht gewesen, weil ich dann nicht immer an den Wahlkampfständen hätte rechtfertigen müssen, dass die Grünen mich unterstützen und gleichzeitig Koalitionsverhandlungen mit der SPD führen. Es wäre mir sehr recht gewesen, wenn es anders gewesen wäre, aber es war nicht so.«

Es ging allein darum, die historische Chance zu nutzen und in dieser besonderen Unterstützer-Konstellation eine gemeinsame Oberbürgermeisterin zu stellen. Reker sagt: »Ich habe nicht kandidiert gegen die SPD-Spitze oder gegen die SPD. Sondern ich habe kandidiert für die Demokratie. Da war einfach das Gefühl, dass unsere Stadt nicht davon abhängig sein kann, dass zwei junge Männer [gemeint waren der SPD-Chef Ott und der Fraktionsvorsitzende der Partei Martin Börschel] die Stadt unter sich aufteilen. Das geht einfach nicht.«

Bewusst war für die Bekanntgabe der Tag der Prinzenproklamation ausgesucht worden. Das Kölner Gesellschaftsereignis. Danach wusste es ganz Köln. Das völlig ungewöhnliche Modell einer parteilosen unabhängigen Kandidatin war nun also in der Welt.

Trotz ihrer Parteilosigkeit schlug Henriette Reker auch Misstrauen entgegen, wie sie sich erinnert: »Bei den Bürgern war das nicht so einfach. Weil ich von den Grünen vorgeschlagen wurde, haben sie gesagt, das ist ja sowieso eine Grüne. Weil ich nach meiner altmodischen Optik vielleicht der CDU zuzurechnen bin, fanden Grüne, dass ich zu schwarz sei. Ich trete ja eher konservativ auf. Den FDP-Leuten immerhin war ich sympathisch, weil ich liberal denke.«

Der Weg zur Oberbürgermeisterin –
eine Chronologie der Ereignisse

2000

Die parteilose Henriette Reker wird unter einem CDU-Oberbürgermeister von der SPD, der CDU und den Grünen zur Dezernentin für Soziales, Gesundheit und Verbraucherschutz der Stadt Gelsenkirchen gewählt; die FDP enthält sich.

2008

Henriette Reker wird für weitere acht Jahre wiedergewählt, diesmal unter einem SPD-Oberbürgermeister.

August 2009

Köln wählt in einer Direktwahl mit absoluter Mehrheit den SPD-Kandidaten Jürgen Roters zum neuen Oberbürgermeister. Sein populärer CDU-Vorgänger Fritz Schramma hatte seine erneute Kandidatur nach einer lokalpolitischen Schlammschlacht zurückgezogen, die nach dem Einsturz des Stadtarchivs im März 2009 tobte. Er übernehme die politische Verantwortung und wolle das Unglück aus dem Wahlkampf heraushalten.

Der neue Oberbürgermeister war gemeinsamer Kandidat der Koalitionäre SPD und Grüne. Die Grünen werden sich einige Jahre später enttäuscht von Roters zeigen, der zwar als gemeinsamer Kandidat angetreten war, dann aber in ihren Augen als Oberbürgermeister nur SPD-Politik gemacht hat.

September/Oktober 2010
Henriette Reker informiert im Gelsenkirchener Rathaus über ihre Pläne, zurück in ihre Heimatstadt Köln zu gehen. »Es ist schade, dass Gelsenkirchen eine sehr erfahrende Dezernentin verliert, die mit oft sensiblen Themen behutsam, aber auch konsequent umgegangen ist. Andererseits zeigt die Tatsache, dass Frau Reker ein Angebot aus Köln erhalten hat, dass ihre Leistungen auch außerhalb Gelsenkirchens äußerst positiv wahrgenommen worden sind«, bedauert der SPD-Oberbürgermeister. Für Reker kommt die Anfrage aus Köln überraschend: »Ich denke, dass wir hier in Gelsenkirchen überregional sehr bekannte Dinge erbringen. Wir haben die Programme für Langzeitarbeitslose mit der höchsten Integrationsquote, machen eine erstklassige Senioren-, Behinderten- und Gesundheitspolitik. Das weckt Aufmerksamkeit.« Detaillierter möchte sie sich aber nicht äußern, »solange der Bär nicht erlegt ist«.

Auf Vorschlag der Grünen wird Reker am 7. Oktober 2010 im Stadtrat von allen demokratischen Kräften zur Dezernentin für Soziales, Integration und Umwelt der Stadt Köln gewählt. Als Dezernentin gehört sie dem siebenköpfigen Stadtvorstand an, der unter Führung des Oberbürgermeisters die Stadtverwaltung steuert und Beschlüsse der Politiker/innen im Stadtrat umzusetzen hat. Ihr Geschäftsbereich umfasst das interkulturelle Referat, die Behindertenbeauftragte, den Arbeitssicherheitstechnischen Dienst, das Amt für Soziales und Senioren mit dem Jobcenter, das Gesundheitsamt, das Amt für Wohnungswesen, den Wohnungsversorgungsbetrieb, das Umwelt- und Verbraucherschutzamt mit der Veterinärmedizin und Lebensmittelüberwachung, den Betriebsärztlichen Dienst und die Abfallwirtschaftsbetriebe. Als Sozialdezernentin ist sie zudem zuständig für die kommunale Unterbringung von Flüchtlingen und die Auszahlung der Leistungsansprüche nach dem Asylbewerberleistungsgesetz.

November 2013

Die rot-grüne Landesregierung beschließt eine Zusammenführung der Wahlen von Oberbürgermeister/innen und Stadtrat. Ob dies bereits 2014 gelingt, hängt von den Entscheidungen der Amtsträger/innen ab: Halten sie an ihrer regulären Amtszeit bis Oktober 2015 fest, oder machen sie bereits zur Kommunalwahl im Mai 2014 den Weg frei?

Kölns amtierender Oberbürgermeister Jürgen Roters (SPD) entscheidet sich für Ersteres und erklärt, nicht erneut zu kandidieren.

25. Mai 2014

Köln wählt einen neuen Stadtrat, zumindest die knappe Hälfte der Wahlberechtigten (49,7 Prozent von 802 889 Wahlberechtigten). Im Vergleich zur letzten Wahl 2009 gewinnt die SPD 1,4 Prozentpunkte und bleibt mit 29,4 Prozent die stärkste Kraft. Die Grünen verlieren 2,2 Prozent und bleiben mit 19,5 Prozent Nummer drei. Zusammen mit der Stimme des SPD-Oberbürgermeisters behält Rot-Grün eine hauchdünne Mehrheit von einer Stimme (46 Sitze von 91). Die CDU verliert 0,7 Prozent und bleibt zweitstärkste Kraft. Die FDP rutscht von 9,4 Prozent auf 5,1 Prozent und wird von den Linken überholt, die jetzt mit 7 Prozent Nummer vier werden.

SPD und Grüne nehmen Koalitionsverhandlungen auf, mit

dem Ziel, sie im Herbst 2014 abgeschlossen zu haben. Zur Verhandlung steht auch eine Klausel zur Oberbürgermeister-wahl 2015: Im Falle einer Stichwahl sollen sich die Parteien wechselseitig unterstützen, um die Einstimmenmehrheit von Rot-Grün im Stadtrat zu sichern. Ohne den SPD-Kandidaten zu kennen, schmeckt den Grünen der Deal aber nicht. Ihre Enttäuschung über Roters steckt ihnen zu tief in den Knochen.

18. Juni 2014
Die CDU vermutet eine Stimmenvertauschung bei der Aus-zählung der Stadtratswahl im Mai: Die SPD-Kandidatin hat in der CDU-Hochburg Rodenkirchen in einem einzelnen Briefwahlbezirk einen Vorsprung von 17,5 Prozentpunkten vor ihrer CDU-Konkurrentin. Bei der gleichzeitig stattfin-denden Wahl der Bezirksvertretung und zum Europäischen Parlament erhielt die CDU die Mehrheit, was den Verdacht erhärtet. Die Brisanz: Sollte sich der Verdacht bewahrheiten, verliert die SPD zugunsten der CDU einen Sitz im Stadtrat und damit die rot-grüne Mehrheit. Zur Entscheidungsfin-dung setzt der Stadtrat einen Wahlprüfungsausschuss ein.

22.08. – Der Stadtdirektor und zugleich Wahlleiter (SPD) legt dem Wahlprüfungsausschuss ein von der Stadtverwal-tung beauftragtes Gutachten eines Wahlrechtsexperten vor: »Eine Überprüfung der auch durch den Verfasser per-sönlich in Augenschein genommenen Briefwahlnieder-schrift zeigt keine Auffälligkeiten«, heißt es dort. Der Stadtdirektor bezeichnet die Niederschrift des Wahlvor-standes im betroffenen Briefwahlbezirk als »ausgespro-chen sorgfältig«, es gebe keine Unregelmäßigkeiten, die eine Überprüfung der Ergebnisse rechtfertigen würden. SPD, Grüne und Linke folgen seiner Argumentation und stimmen gegen eine Neuauszählung des Stimmbezirks. In der Öffentlichkeit wird dies heftig kritisiert. Die Grünen geraten ins Schwanken und schlagen als Kompromiss die Neuauszählung aller Stimmbezirke vor.

29.08. – Der Stadtdirektor verneint die Zulässigkeit einer Neuauszählung aller Stimmbezirke als Rechtsauffassung der Stadtverwaltung und beruft sich hierbei erneut auf das Gutachten des Wahlrechtsexperten. Der Landesinnenminister Ralf Jäger (SPD) untersagt kurzerhand die Neuauszählung aller Stimmbezirke mit einem Erlass. Er gesteht dem Stadtrat zwar eine weitreichende Prüfungskompetenz zu, »dies rechtfertigt jedoch nicht die Überprüfung wesentlicher Bestandteile des Wahlverfahrens – hier die Stimmenauszählung für das gesamte Wahlgebiet –, ohne dass konkrete, substantiiert vorgetragene Anhaltspunkte für Unregelmäßigkeiten vorliegen. Andernfalls wäre im Ergebnis eine praktisch beliebige, zeit- und kostenintensive Wiederholung von Teilen des Wahlverfahrens möglich, die wahlrechtlichen Grundsätzen widerspricht.«

19.09. – Ungeachtet des Gutachtens und des Erlasses bleiben die Grünen bei ihrem Vorschlag und beantragen im Wahlprüfungsausschuss, dem Stadtrat eine Neuauszählung aller Stimmbezirke zu empfehlen. Der Stadtdirektor begründet die Rechtswidrigkeit eines entsprechenden Ratsbeschlusses mit Verweis auf den Erlass des Landesinnenministers und das Rechtsgutachten des Wahlrechtsexperten. Gegen den Widerstand von SPD und Linken stimmen CDU, Grüne und FDP für die Empfehlung einer Neuauszählung aller Stimmbezirke. Die SPD lässt ihren Partner Grüne daraufhin in einer Pressemitteilung wissen:

»Die SPD akzeptiert die Entscheidung der Grünen, mit wechselnden Mehrheiten im Stadtrat zu agieren, wie es durch ihren Antrag und ihren Beschluss im Wahlprüfungsausschuss zum Ausdruck gekommen ist. Aus Sicht der SPD ist es in dieser Phase großer politischer Verunsicherung – die durch den Beschluss des Wahlprüfungsausschusses noch verstärkt wurde – jetzt die Aufgabe des Stadtrates, bei wichtigen stadtpolitischen Fragen Stabilität und Berechenbarkeit zu gewährleisten.« Kurzum: Die SPD will zur Mehrheitsbeschaffung auf alle demokratischen Parteien zugehen. Die Grünen zeigen sich »irritiert« über die Interpretation der SPD, ihr Verhalten im Wahlprüfungsausschuss als Entscheidung für wechselnde Mehrheiten im Rat zu sehen. In einer Pressemitteilung erklären sie: »Es lässt Zweifel aufkommen, ob die SPD tatsächlich an einer stabilen rot-grünen Mehrheit Interesse hat oder vielmehr eine Große Koalition mit der CDU vorbereitet.« Die CDU erklärt unterdessen, eine Koalition von SPD und CDU sei derzeit ausgeschlossen. Zum einen wollen sie in der anstehenden Oberbürgermeisterwahl einen Kandidaten gegen die SPD ins Rennen schicken, zum anderen könnte eine Neuauszählung der Stadtratswahlergebnisse zu veränderten Mehrheiten führen.

30.09. – Gegen den Widerstand von SPD und Linken beschließt der Stadtrat mit den Stimmen von CDU, Grünen und FDP eine Neuauszählung aller Stimmbezirke. Der amtierende Oberbürgermeister (SPD) bezeichnet den Beschluss als »rechtswidrig«.

06.11. – Diese Ansicht teilt auch seine Genossin, die Regierungspräsidentin Gisela Walsken, als zuständige Kommunalaufsicht. Sie hebt den Stadtratsbeschluss vom 30.09. per Verfügung auf.

13.11. – Die Grünen beantragen im Stadtrat, gegen die Aufhebungsverfügung vor dem Verwaltungsgericht zu klagen. Mit den Stimmen von CDU, Grünen und FDP wird dem Antrag mehrheitlich zugestimmt. Die CDU kündigt außerdem an, zusätzlich auf Auszählung des einzelnen Stimmbezirks zu klagen.

Die Fortsetzung erfolgt am 25. März 2015 vor dem Kölner Verwaltungsgericht.

Spätsommer 2014
Zur Frage der Oberbürgermeisterkandidatur richten die Parteien Findungskommissionen ein: Die CDU benennt eine dreizehnköpfige Kommission, die Grünen eine siebenköpfige und die SPD eine *zweiköpfige*: ihren Partei- und ihren Fraktionsvorsitzenden.

Wochenlang spekulieren die Zeitungen über mögliche Kandidaten. Die CDU ist bereit, zugunsten veränderter Mehrheitsverhältnisse einen Kandidaten ohne CDU-Parteibuch zu akzeptieren. Ihr Vorsitzender Bernd Petelkau: »Die Parteizugehörigkeit ist für uns nicht ausschlaggebend, wir suchen eine Persönlichkeit, die zu Köln passt. Wenn sich FDP und auch die Grünen dazu durchringen könnten, mit uns einen gemeinsamen, bürgerlichen Oberbürgermeisterkandidaten aufzustellen, würde uns das sehr freuen. […] Wir sind mitten in der Findungsphase und haben dabei auch geeignete, parteilose Kandidaten im Blick, die diese Voraussetzungen erfüllen könnten.« Der Grünen-Fraktionsgeschäftsführer Jörg Frank erklärt hingegen: »Wir suchen einen eigenen Kandidaten oder eine Kandidatin. Und wenn es einen gemeinsamen Kandidaten geben soll, dann machen wir einen Vorschlag, den die anderen nicht ablehnen können.«

1. November 2014

Eine Kölner Zeitung will exklusive Informationen aus der Grünen-Findungskommission erfahren haben: Die Partei wolle die parteilose Sozial- und Umweltdezernentin Henriette Reker ins Rennen um das Amt des Oberbürgermeisters schicken. Die CDU sei noch zu keinem Ergebnis gekommen, die SPD habe sich für ihren Fraktionsvorsitzenden entschieden. Reker selbst schweigt.

9. Januar 2015

Henriette Reker erklärt auf einer gemeinsamen Pressekonferenz mit den Grünen ihre Bereitschaft zur Kandidatur, sofern sie eine breite Unterstützung hinter sich wisse: »Ich möchte die Stadtverwaltung professionalisieren und ihre parteipolitische Steuerung beenden.«

In der Pressekonferenz betonen die Grünen: »Für eine Unterstützung der unabhängigen Kandidatur der parteilosen Henriette Reker, die auf Vorschlag der Grünen 2010 vom Stadtrat zur Dezernentin gewählt wurde, werden wir mit anderen Parteien, Gruppierungen oder Ratsfraktionen keine politischen Bündnisse eingehen und mit ihnen auch keine Vereinbarungen oder Absprachen über zukünftige kommunalpolitische Maßnahmen, strukturelle oder personelle Entscheidungen im Falle eines Wahlerfolgs treffen. Die unabhängige Kandidatur ist vielmehr ein Angebot an alle demokratischen Kräfte in der Stadtgesellschaft.«

Seit November zeichnet sich auch eine Unterstützung durch CDU und FDP immer deutlicher ab. »Ich persönlich hätte große Sympathie dafür, wenn die CDU Frau Reker als unabhängige Kandidatin unterstützen würde«, so Bernd Petelkau. Auch die FDP begrüßt die Kandidatur als ein Zeichen der Erneuerung.

Während die Grünen immer wieder betonen, mit ihrem langjährigen Koalitionspartner SPD weiterhin koalieren zu wollen, sind die Zeitungen von einem »Todesstoß für Rot-Grün im Stadtrat« überzeugt und spekulieren über ein zukünftiges Jamaika-Bündnis.

Das Einmaleins der Kommunalpolitik

Die Bürger / innen wählen Parteien oder Wählergruppen, die je nach Stimmenanteil ihre Vertreter / innen in den Stadtrat entsenden und dort politische Beschlüsse fassen.

Außerdem wählen sie die Oberbürgermeisterin, die dem Stadtrat vorsitzt und gleichzeitig Chefin der Stadtverwaltung ist. In Köln sind das immerhin 17 000 Mitarbeiter / innen. Die Stadtverwaltung setzt die Beschlüsse der ehrenamtlichen Politiker / innen im Stadtrat um.

In Köln läuft das traditionell alles ein bisschen anders: Politik macht Verwaltung, und Verwaltung macht Politik. Keiner will einen Oberverantwortungshut tragen, in städtischen Diagrammen gehen die Pfeile nicht immer von oben nach unten, sondern auch mal im Kreis. Beobachter sprechen von »institutionalisierter Verantwortungslosigkeit« oder einfach einer »Bananenrepublik« im Stadtmaßstab. Das will Henriette Reker ändern.

SO FUNKTIONIERT KOMMUNALPOLITIK
Die Rolle von Oberbürgermeister, Rat und Stadtverwaltung

STADTRAT

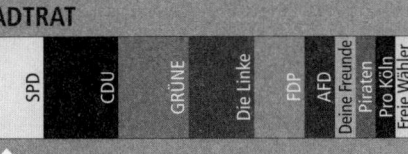

SPD | CDU | GRÜNE | Die Linke | FDP | AFD | Deine Freunde | Piraten | Pro Köln | Freie Wähler

Arbeitskreise der Ratsparteien

Ausschüsse beraten Details, Rat entscheidet

19 FACHAUSSCHÜSSE DES RATES

1 Allgemeine Verwaltung
2 Anregungen u. Beschwerden
3 Bauen
4 Finanzen
5 Gesundheit
6 Hauptausschuss
7 Jugendhilfe
8 Kunst und Kultur
9 Liegenschaften, Grundstücke, Gebäude

10 Rechnungsprüfung
11 Schule u. Weiterbildung
12 Soziales und Senioren
13 Sport
14 Stadtentwicklung
15 Umwelt
16 Verkehr
17 Wahlausschuss
18 Wahlprüfung
19 Wirtschaft

Bürgerwünsche und Anregungen

leitet den Stadtrat

gibt Aufträge an die Stadtverwaltung

Henriette Reker
Oberbürgermeisterin

bereitet Beschlüsse vor

leitet den Stadtvorstand

STADTVORSTAND

GUIDO KAHLEN, Stadtdirektor
Allgemeine Verwaltung, Ordnung und Recht

GABRIELE C. KLUG, Kämmerin
Finanzen

UTE BERG
Wirtschaft und Liegenschaften

AGNES KLEIN
Bildung, Jugend und Sport

HARALD RAU
Soziales, Integration und Umwelt

FRANZ-JOSEF HÖING
Stadtentwicklung, Planen, Bauen und Verkehr

SUSANNE LAUGWITZ-AULBACH
Kunst und Kultur

45 Ämter, weitere Dienststellen, städtische Einrichtungen

sind zuständig für

9. Januar 2015

Jürgen Roters teilt per Pressemitteilung mit, er habe die Kandidatur von Henriette Reker zur Kenntnis genommen. »Der Oberbürgermeister wird Frau Reker zeitnah zu einem Gespräch bitten, in dem er mit ihr klären wird, wie sie ihre dringenden Aufgaben als Dezernentin mit ihrer Wahlkampftätigkeit vereinbaren kann. Kein Verständnis hat der Oberbürgermeister für die Äußerung von Frau Reker, in der sie eine ›parteipolitisch gesteuerte Verwaltung‹ unterstellt.«

19.–21. Januar 2015

Henriette Reker wird von den Parteitagen der CDU, der Grünen und der FDP zur Oberbürgermeisterkandidatin gewählt:

19.01. – 91,8 Prozent – große Mehrheit bei den Grünen.

20.01. – 97,4 Prozent – große Mehrheit bei der CDU.

21.01. – 100 Prozent – einstimmig bei der FDP.

Jochen Ott kommentiert: »Ich bin entschieden für die Fortsetzung der rot-grünen Koalition. Und die Grünen haben uns Rekers Stimme zugesichert, falls sie Oberbürgermeisterin wird und es drauf ankommt.« Die Grünen dementieren: »Die unabhängige Amtsführung des Oberbürgermeisteramts hat insbesondere immer die SPD-Führung betont, umso absurder ist es daher nun, dass sie die Stimme einer zukünftigen parteilosen Oberbürgermeisterin als Eigentum vereinnahmen will. Die Kölner Grünen haben ausdrücklich betont, dass sie für die Unterstützung von Reker mit anderen Parteien keine politischen Bündnisse eingehen und auch im Falle eines Wahlerfolgs keine Vereinbarungen treffen. Das gilt auch für die SPD.« Fritz Schramma zeigt sich noch empörter: »Dieses ganze arrogante und machtgierige Gehabe der SPD ist verabscheuungswürdig. Es ist der letzte krampfhafte Versuch, Unruhe zu stiften.«

22. Januar 2015
Unterstützung für Henriette Reker nun auch von der Wählergruppe Freie Wähler: »Die Freien Wähler sehen einen gewaltigen Fortschritt für die Kommunalpolitik in Köln, wenn eine verwaltungserfahrene Dezernentin mit großen Erfolgen in gesellschaftlichen Konfliktfeldern wie zum Beispiel der Flüchtlingspolitik parteiunabhängige Oberbürgermeisterin wird.« Die Freien Wähler sind im Stadtrat mit einer Stimme vertreten.

1. Februar 2015
»Ich kandidiere«, erklärt Jochen Ott gegenüber 200 Sozialdemokrat/innen in der 23. Etage eines der höchsten Gebäude von Köln. »Ich will der nächste Oberbürgermeister von Köln sein.« Die Arbeit der Sozialdemokraten müsse »so gut gewesen sein, dass die anderen sich nur trauen, gemeinsam gegen uns anzutreten«.

Sein Freund und Nachbar, SPD-Fraktionsgeschäftsführer Martin Börschel, galt lange als Favorit. Heute ist er Zuhörer. Jürgen Roters beglückwünscht seinen Parteivorsitzenden nur schriftlich: »Die SPD hatte zwei geeignete Kandidaten, beiden hätte ich zugetraut, die Oberbürgermeisterkandidatur erfolgreich zu bewältigen. Ich werde Jochen Ott nun im Rahmen meiner Möglichkeiten unterstützen. Mit seiner Fähigkeit, auf Menschen zuzugehen, hat er durchaus eine Chance.«

»Die Entscheidung war für uns wenig überraschend. Waren Martin Börschel und Jochen Ott zunächst noch wie siamesische Zwillinge auf dem öffentlichen Parkett vertreten, war in den vergangenen Tagen im Karneval lediglich Jochen Ott zu sehen. Die Sozialdemokraten sind mit dieser Entscheidung weiter nach links gerückt, um die Linkspartei an sich zu binden. Die Wähler in Köln haben nun klare Alternativen. Die Kandidatin der Mitte, Henriette Reker, und den linksgerichteten Kandidaten Jochen Ott«, kommentiert der CDU-Parteivorsitzende die Bekanntgabe.

Der Grünen-Fraktionsgeschäftsführer: »Auch wir hatten mit diesem Ausgang gerechnet. Nach zwei Wochen der Schockstarre hat die SPD nun reagiert und den aufgestellt, mit dem die Sozialdemokraten ihre Kernwählerschaft am besten mobilisieren können. Die SPD macht damit ein reines sozialdemokratisches Angebot, wogegen wir eine breite Gesellschaft ansprechen mit einer Kandidatin, die in ihrem Angebot sehr viele unterschiedliche Milieus zusammenbringen kann. Im Vergleich zu Henriette Reker ist Ott, was das Verwaltungsmanagement angeht, sehr unerfahren.«

Der SPD-Mitbewerber

Der Kölner SPD-Chef kann Menschen begeistern. Er ist rhetorisch versiert und vermittelte im Wahlkampf, dass ihm auch die ärmeren Viertel am Herzen liegen.

Er wollte Oberbürgermeister für alle Kölner/innen sein.

Er hatte allerdings keine Verwaltungserfahrung. Er sah die Gefahr des bewährten SPD-Konzepts: eine Partei, ein Programm, ein Kandidat – das konnte ideolo-

gisch und alt aussehen. Dabei war er jung und ein Hoff-
nungsträger seiner Partei. Er musste aufpassen, dass
seine Partei hinter ihm stand.

Wenn er es schaffe, mit seinen Themen die früheren
SPD-Wähler wieder an die Urne zu bekommen, könne
er gewinnen, hieß es. Ein Mann für ein größeres Mobi-
lisierungspotenzial im linken Lager als sein Parteifreund,
der Kölner SPD-Fraktionsvorsitzende, war zu hören.

Als Strahlemann sah er sich in der Charmeoffensive.

Jochen Ott versteht sich als Macher-Typ. Es fehle die
Verantwortungskultur, sagte er. Dass er selbst für viele
Dinge Verantwortung trug als Kölner SPD-Chef und
NRW-Landtagsabgeordneter, verschwieg er lieber.

Ott gibt sich gerne dynamisch. Einzelne Wahlkampf-
termine fuhr er auf seiner Vespa an. Im Anzug und den
Motorradhelm unter dem Arm spurtete er in den Veran-
staltungssaal. Er inszenierte sich als Gegenentwurf zu
Henriette Reker: der Familienmensch und Politikprofi.
Das spiegelte auch seine Wahlkampagne wider. Mit seinen Töchtern und seiner Ehefrau zu Hause im Wohn-
zimmer und im Garten. Es gab ein Wahlkampfplakat
mit seiner Tochter auf den Schultern. Irritierend war
nur: Der Kopf des Mädchen war abgeschnitten. »Per-
sönlichkeitsschutz«, lautete die Begründung. Seine
Frau strahlte auf dem Sofa in die Kamera, daneben ihr
Mann mit den Füßen auf dem Wohnzimmertisch.
Machotum light.

Man konnte ihn auf seiner Facebook-Seite im herzlichen Gespräch mit jedermann betrachten. Gut gelaunt,
temporeich und energiegeladen. Die andere Seite war

das rigorose Löschen von Kommentaren Andersden-kender und von Kritiker/innen in seinen Accounts bei den sozialen Netzwerken.

Das strahlende Gebiss des Kandidaten wurde raum-greifend inszeniert, sodass es mehrfach Nachfragen ernsthafter und ironischer Natur nach seinem Zahnarzt gab. Bei einer Befragung von Studenten, wer die Kandi-daten kenne und welchen Beruf sie wohl ausübten, wurde sogar spekuliert, er könnte selbst Zahnarzt sein.

Und noch eins fiel auf: Auf den Plakaten fehlte das Logo seiner Partei. Stattdessen prangte sein Nachname im roten Rechteck. Sind ja auch nur drei Buchstaben.

Sein Wahlkampf wirkte wie eine Mischung aus Origi-nal und Kopie. Wie eine Reaktion auf die Kampagne der aussichtsreichen Mitbewerberin. Sie kinderlos, er Fami-lienvater. Also stellen wir die Familie ins Zentrum. Sie parteilos und unabhängig und mit fünf Unterstützer-parteien im Rücken, er zwar Parteivorsitzender der Köl-ner SPD und für die Partei im NRW-Landtag, doch daran muss man ja niemanden erinnern. Schreiben wir nur den Nachnamen auf das Plakat. Das macht die Kon-kurrentin ja auch. Reker ist das Programm in dieser Per-sönlichkeitswahl, dann ist er auch das Programm. Auf den ersten Blick. Damit für alle wählbar, nicht nur für die SPD-Klientel.

Sie Juristin und kein Politikprofi, sondern Verwal-tungsfachfrau, er eigentlich Lehrer, heute Politikprofi, ohne Verwaltungserfahrung zwar, aber mit Ehrgeiz. Kompetenz kann man schließlich einkaufen. Sie mit 58 kein Ausdruck von Zukunft, er in seinem Alter mit 41 erst am Beginn seiner Karriere. Zu jugendlich? Da bindet er in einem Videoclip einfach Konrad Adenauer ein, den früheren CDU-Oberbürgermeister von Köln. Für den war Köln auch nur der Anfang der Karriereleiter.

Sie höflich und eloquent in der Begegnung, er manchmal ungezogen und latent genervt. Bei den Podiumsdiskussionen ließ er körpersprachlich und verbal das Desinteresse am Dialog und auch eine gewisse Arroganz Raum greifen. Sie sachlich und inhaltlich getrieben, er ein launiger Erzähler. So hatte er zu jedem Thema eine private Geschichte parat. Durchsichtig, aber wirkungsvoll. Auf den ersten Blick. Sie angeblich ohne Profil und Programm, in seinen Worten ein »Phantom«, er der Macher, der fast jedes Thema zur Chefsache machte und auf seiner Homepage pauschal auf das Parteiprogramm der SPD verwies.

Kurz vor dem ursprünglichen Wahltermin am 13. September 2015 konnte man den Eindruck gewinnen, der SPD-Kandidat habe die Reden und die Homepage von Reker genau studiert und sich zu eigen gemacht. Zu ähnlich waren plötzlich die Programmatik und die Formulierungen. Zufall? Ein Strategiewechsel? Ein Versuch, durch eine Kopie in Wortwahl und Thematik der Gegenkandidatin die Argumente und die Sprache zu entwenden, um sie zu entwaffnen? Wir werden es nie erfahren.

Reker formulierte es nach Wahlkampfende so: »Ich glaube, der Mitbewerber der SPD war authentisch. Ich glaube, er hat alles ernst gemeint. Ich glaube, er sieht die Dinge wirklich so. Ich glaube, er sieht die Verwaltung so, wie er sie von außen beschrieben hat. Ich glaube ihm, dass er leidenschaftlich für Köln unterwegs ist. Ich unterstelle ihm nicht, dass er da … nein, wirklich nicht. Da würde ich ihm unrecht tun.«

Wenn man im politischen Umfeld fragt, woran denn der SPD-Kandidat letztendlich gescheitert sei, fällt meistens der Satz: »An sich!«

Am Ende sollte es der zweite Platz werden: 32,02 Prozent. Jochen Ott sieht es so: »Ich habe um das Amt gekämpft und alles gegeben. Ich habe verloren, das schmerzt. Aber ich habe auch viel gewonnen. Die Erfahrung nimmt mir niemand. Und immerhin haben mich 103 341 Kölner/innen gewählt. Das ist nicht nichts. Die Sache war von Anfang an schwer. Fünf gegen einen. […] Ich bin immer noch gewählter Parteivorsitzender, erst 2017 steht eine neue Vorstandswahl an.«

»Die Schlacht ist geschlagen, wir haben verloren«, so lautet die nüchterne Beschreibung der Lage an der Basis der Kölner SPD nach der Oberbürgermeisterwahl. »Die SPD steht gerade im Abseits.« Die rot-grüne Koalition ist Geschichte. Die SPD steht damit wieder an dem Punkt, an dem sie 1999 in ihrer größten Krise schon stand: eine »Königin ohne Land«.

11. Februar 2015

Die drei Fraktionsgeschäftsführer von CDU, Grünen und FDP melden Henriette Reker beim Wahlamt als Bewerberin an. Da Reker parteilos ist, müssen sie nun 450 Unterstüt-

zungsunterschriften sammeln. Amtliche Vertrauensperson –
so wird der Vertreter eines Wahlvorschlags im Amtsdeutsch
genannt – wird Pascal Siemens (Grüne). Reker und Siemens
kennen sich aus der Stadtarbeitsgemeinschaft Lesben,
Schwule und Transgender, der Reker als Sozialdezernentin
vorsteht und in der Siemens bis 2014 den Christopher Street
Day (CSD) Köln vertrat.

1. März 2015
Henriette Reker beginnt mit den Vorbereitungen für ihren
Wahlkampf. Anfang Februar hat sie schon ihr Wahlbüro am
Fuße des Doms bezogen. »Im Gründerzentrum ›Solution
Space‹ habe ich die geeigneten Räumlichkeiten und ein groß-
artiges Umfeld gefunden, um eine erfolgreiche Kandidatur
organisieren zu können.« Pascal Siemens wird als Wahl-
kampfkoordinator eingestellt, Christian Stunz für die Büro-
organisation. Das »Team Reker« wird sich in den nächsten
Monaten auf 15 Haupt- und Ehrenamtler/innen vergrößern.

14. März 2015
Mit 92 Prozent der Stimmen wird Jochen Ott vom SPD-
Parteitag als Oberbürgermeisterkandidat bestätigt. »Ich bin
nicht eingemauert durch Zusagen an alle möglichen Unter-
stützer. Ich bin frei und keiner anderen Partei etwas schul-
dig«, lässt er die Genossen als Seitenhieb auf seine Mit-
bewerberin Henriette Reker wissen. Er bekräftigt die
Koalitionsabsicht mit den Grünen, gibt aber zu bedenken:
»Wir werden sehen, ob die Grünen auf Zeit spielen oder eine
Koalition mit uns abschließen.«

Jürgen Roters bezieht auf dem Parteitag Position: »Bei
allem, was wir in Rat und Bezirksvertretungen umgesetzt
haben, ist immer die sozialdemokratische Handschrift sicht-

bar geworden. Sie muss noch deutlicher werden.« Hierfür steht der Parteivorsitzende und nun Oberbürgermeisterkandidat. Der Koalitionswunschpartner Grüne wertet dies als »Kampfansage«. Der Grünen-Fraktionsgeschäftsführer: »Wenn die SPD an einer Koalition interessiert ist, sind Kompromisse nötig. 100 Prozent Sozialdemokratie funktioniert nur mit einer absoluten Mehrheit wie bei der CSU in Bayern.«

25. März 2015

Das Verwaltungsgericht hat entschieden: Eine komplette Neuauszählung aller Stimmbezirke ist unzulässig, der Rodenkirchener Briefwahlbezirk muss aber neu ausgezählt werden. Pikant: Sollte sich der Verdacht der CDU bewahrheiten, verliert die SPD zugunsten der CDU nicht nur einen Sitz im Stadtrat und damit die rot-grüne Mehrheit, der SPD-Kandidat müsste auch noch während des Wahlkampfes sein Ratsmandat abgeben.

Verschwundene Stimmzettel, geschredderte Umschläge, widersprüchliche Zahlen: Das Gericht stellt eine Reihe von Fehlern und Ungereimtheiten fest und erklärt die Kommunalwahl vom Mai 2014 für ungültig. Fehler 1: Die Umschläge zur Aufbewahrung von Wahlscheinen und Stimmzetteln wurden nicht eindeutig gekennzeichnet. Ohne diese lässt sich nicht mehr feststellen, ob noch weitere Umschläge im Umlauf waren. Fehler 2: Ein Umschlag mit 23 aussortierten ungültigen Wahlscheinen wurde vernichtet, obwohl Wahlscheine und Stimmzettel bis zum Ablauf der Wahlperiode aufbewahrt werden müssen. Der Umschlag sei samt Inhalt geschreddert worden, man habe ihn für leer gehalten, teilt ein Stadtsprecher mit. Tage später stellt sich heraus, dass sich die ungültigen Wahlscheine in einem Umschlag der Wahlen für die Bezirksvertretung befanden, die am selben Tag abgehalten wurden. Die Suche offenbarte eine weitere Panne: Es fand sich ein Umschlag mit gültigen und ausgezählten Stimmen, von dessen Existenz niemand mehr wusste. Fehler 3: Das Protokoll ist unvollständig und widersprüchlich. Notiert sind 708 Wahlscheine, allerdings nur 707 ausgezählte Stimmen. Es fehlt eine Begründung für eine zweifache Auszählung, und an anderer Stelle fehlt die Unterschrift eines Wahlvorstandes.

Der Stadtdirektor und zugleich Wahlleiter und der von ihm beauftragte Wahlrechtsexperte sollen außerdem gegen ein juristisches Gebot verstoßen haben: Eine Einsicht in die Niederschrift durch den Wahlrechtsexperten ist nur dann zulässig, wenn Zweifel am Wahlergebnis bestehen – doch genau diesen Anfangsverdacht hatte der Wahlrechtsexperte in seinem Gutachten verneint.

Stadtdirektor und Wahlrechtsexperte geraten in die öffentliche Kritik. Dem Wahlrechtsexperten wird mittlerweile Nähe zur SPD vorgeworfen. In Grevenbroich war er auf Vorschlag der SPD zum Dezernenten gewählt worden. In der Kölner SPD-Zentrale hielt er 2013 einen Vortrag über »Kommunalwahlrecht – juristisch gestärkt zur Kommunalwahl 2014«.

Der Wahlprüfungsausschuss-Vorsitzende (CDU) kommentiert: »Die nun anstehende Nachzählung hätten wir deutlich früher haben können. Wenn der Stadtdirektor nicht erklärt hätte, die Wahlunterlagen seien vorbildlich geführt worden und böten keinerlei Anlass zu Zweifeln, hätte der Wahlprüfungsausschuss wohl unmittelbar nach der Wahl beschlossen, das Ergebnis des fraglichen Stimmbezirks zu überprüfen. Dann hätten wir nicht das Gericht bemühen und über zehn Monate auf das korrekte Wahlergebnis warten müssen.« Kritik äußert er auch an Landesinnenminister Ralf Jäger: »In völliger Unkenntnis der Fakten hat er eine Überprüfung des Wahlergebnisses untersagt und damit eine schützende Hand über seine Genossen im Kölner Stadtrat gehalten. Sowohl von einem Innenminister als auch von einem Stadtdirektor muss man aber erwarten dürfen, dass sie sich demokratischen Grundsätzen stärker verpflichtet fühlen als ihrer Partei.«

Auf Landesebene koalieren SPD und Grüne, für Empörung sorgt daher auch die Offenbarung eines grünen Landtagsabgeordneten in einem Interview mit einem politischen Magazin: Die SPD habe Druck gemacht, »da gab es auch hier auf den Gängen im Landtag das Signal: Wenn ihr das mit der Neuauszählung vorantreibt und wir dadurch die rot-grüne Ratsmehrheit verlieren würden, dann könnt ihr euch die Koalitionsverhandlungen abschminken«.

Die SPD teilt über eine Pressemitteilung mit, sie werde das Gerichtsurteil akzeptieren: »Zwar sind wir angesichts dieser Abweichung von der bisherigen Rechtsprechung in Sorge, weil zukünftig die Arbeit ehrenamtlicher Wahlvorstände allein aufgrund von Vermutungen nach dem Wahltag leichter in Zweifel gezogen werden kann«, jedoch seien der Rechtsfrieden und die zügige Klarheit über das Wahlergebnis gegenüber einer Fortsetzung des Rechtsstreits in nächster Instanz vorzuziehen – »sofern sich in der noch ausstehenden Urteilsbegründung nicht offensichtliche Unstimmigkeiten befinden«. – »Sollte sich nach einer Neuauszählung die Mandatszuteilung im Rat zulasten der SPD verschieben, wird die SPD umso engagierter in der Bürgerschaft dafür werben, dass Jochen Ott ab Oktober 2015 als Oberbürgermeister den Vorsitz des Rates übernimmt.«

Am 1. April gibt der Stadtdirektor (SPD) seinen Rücktritt

98

als Wahlleiter bekannt: »Ich habe dem Oberbürgermeister meinen Verzicht angeboten. Ich hoffe, dass mit diesem Schritt das Vertrauen in die Objektivität und unparteiische Amtsführung des Wahlleiters wiederhergestellt ist.« Die Neuauszählung soll am 19. Mai erfolgen. Neue Wahlleiterin wird die Schuldezernentin (SPD).

24. April 2015
Die drei Fraktionsgeschäftsführer von CDU, Grünen und FDP reichen 574 gültige Unterstützerunterschriften für die Bewerbung von Henriette Reker beim Wahlamt ein; erforderlich waren mindestens 450.

»Dumm gelaufen für Henriette Reker«, titeln Ende Juli die Zeitungen: Auf dem Wahlzettel befindet sich ihr Name nur an vorletzter Stelle auf Platz sechs. Der Grund: Andere parteilose Bewerber/innen waren schneller bei der Anmeldung – ganz ohne große Mannschaft im Rücken. Henriette Reker kümmert das wenig: »Ich bin gewohnt, das Feld von hinten aufzurollen.«

Die anderen Mitbewerber

Der NRW-Landesvorsitzende von Die PARTEI,
Mark Benecke
Mit seiner Antwort ist im Grunde auch schon alles gesagt. Warum er Oberbürgermeister von Köln werden wollte? »Es wächst zusammen, was zusammengehört, nämlich ich als Oberbürgermeister und Köln. Für einen

---

Kölner ist das das Traumziel schlechthin.« Seine Kandidatur verstand er als eine »ergänzende Erneuerung zur normalen Politik«. Seine Methode schien simpel, er wollte »das Gute fördern und die anderen feuern«. Auf die Frage nach seiner Kompetenz für das Amt antwortete er selbstbewusst, dass es ja schließlich einer machen müsse. Einer, der es kann. Also bliebe ja nur er übrig. Der Schlüssel seiner Eignung war der »Glaube an das Gute«. – »Ich bin die einzig seriöse Alternative.«

Der PARTEI-Chef ist ein international renommierter Kriminalbiologe, deswegen reizte ihn »der Verfall von Köln«. Er sah sich in der Tradition von Batman, und Köln war für ihn eine Art Gotham City. Er arbeitet als erfolgreicher Autor. So kann er auf eine bundesweite Medienpräsenz bauen, er hat allein über 129 000 Facebook-Follower. Der PARTEI-Chef ist ein Freund von Tattoos und Satire und überzeugter Vegetarier. »Ich bin ein Mann aus dem Volke und absolut unkäuflich.« Das Prinzip, das Politiker/innen im Wahlkampf Versprechungen machen, an die sie sich nach der Wahl nicht mehr erinnern, geschweige denn, dass sie sie einhalten, wollte er ins Groteske steigern. Versprechen über Versprechen hatte er gegeben und die würden bei seiner Wahl auch nicht gebrochen, versprach er. Sie würden nur einfach nicht umgesetzt. Die PARTEI ist, in seinen Augen, die einzig ehrliche Partei. »Wir blenden zwar auch die Leute aus wie die anderen Parteien, aber eben ganz offensichtlich.«

Glitzerkugeln sowie Glasperlen für alle sollte es geben. Stilettogerechtes Straßenpflaster und Hanfanbau am Militärring gehörten zu seinen Ideen. Als Großprojekt war die Verlegung des Hauptbahnhofs unter den Kölner Dom angedacht – K21. Sicht auf den Kölner Dom weltweit propagierte er als einen weiteren Punkt auf der Agenda. Einzig die Rückgängigmachung des Konzepts der autofreundlichen Stadt schien ein tatsächlich ernst zu nehmender Punkt seines Wahlprogramms. Köln sollte zur KVB-, fußgänger- und radfreundlichen Stadt werden.

Interessant hätte auch die Umsetzung der Idee sein können, die Redezeit der Stadtratsmitglieder in den Ausschüssen auf jeweils eine Minute zu begrenzen. Die Sitzungen wären dadurch unter seiner Leitung kurz und effektiv geworden. »Eine Minute Redezeit, Abstimmung, Pizza essen!« Düsseldorf sollte übrigens eingemauert werden, wenn er Oberbürgermeister geworden wäre. »Er ist sehr gut!« und »Schöner als Ott, heißer als Reker«, stand unter anderem auf seinen Wahlplakaten.

»Mit seinen abstrusen Forderungen nimmt er die etablierten Parteien aufs Korn und bringt Feuer in den Wahlkampf«, konstatierte ein Kölner Politikwissenschaftler. »Er ist als Außenseiter ein amüsanter Stachel, durchaus reflektiert und gibt Denkanstöße. Die Abgründe des politischen Lebens in Köln sind real!« Da mag er in Teilen recht gehabt haben, nur waren es andere Abgründe als von ihm vorausgesagt.

Manche sagen, der Kandidat habe der Demokratie gute Dienste geleistet, weil er bewiesen habe, wie freizügig das Wahlrecht sei. Auch das ist irgendwie ein Ergebnis. Und es gab den dritten Platz. Bronze mit 7,2 Prozent und 23 291 Stimmen. In der WDR-Westpol-Umfrage von Infratest Dimap vom 6. September 2015 hatte der Kandidat noch bei 6 Prozent gelegen. Da haben die Ereignisse um ungültige Stimmzettel und Wahlverschiebung sicherlich ihre Wirkung getan. »Das beste Ergebnis seit Kriegsende! Das nächste Mal verteilen wir zwei Millionen Kondome, dann übernehmen wir den Laden!«

Der Diplomgeograf mit Masterstudium Umweltmanagement und Inhaber einer Halbtagsstelle beim Verkehrsverbund Rhein-Sieg, Marcel Hövelmann (parteilos)
Zentral für seinen Wahlkampf war die Aussage, er sei »ein wirklich parteipolitisch unabhängiger Oberbürgermeisterkandidat«. Damit unterstellte er Henriette Reker automatisch, sie spiele nicht mit offenen Karten, sondern sei durchaus parteipolitisch gebunden und somit nicht unabhängig. Einer Kölner Zeitung galt er als »der Ernsthafte«, was er als Lob verstand und gerne zitierte. Dort stand auch, er war lange Jahre Wähler der Grünen. »Ehrenamtlich, unparteiisch und konstruktiv«, lautete sein Credo als Kandidat. Die Einflussnahme auf die Stadtpolitik soll bei ihm allerdings über den Oberbürgermeisterwahltag hinausgehen. Die Kommunalwahl 2017 hat er schon fest im Blick.

Das Ziel des Einzelkämpfers und gleichzeitig sein Programm war, in einem Satz zusammengefasst, das »langfristig lebenswerte Köln«. Die Themen Umwelt und Bildung sowie Bürgerbeteiligung, Kultur, Städtebau und Finanzen fanden sich darin wieder. Die Verkehrspolitik stand im Mittelpunkt: Fahrrad, Bus und Bahn hatten sein Hauptaugenmerk. In seinen Ausführungen zur kompetenten Führung der Verwaltung fand man einen Ausdruck als Dreh- und Angelpunkt: Achtsamkeit. Im Umgang mit anderen Menschen und sich selbst. Diese Maßgabe sollte eine »frische Kommunikation« gewährleisten und »positive Impulse in die Belegschaft bringen«.

Mit einem Wahlkampfetat von insgesamt 100 Euro für Flyer, Facebook-Werbung und das Dankeschön-Bier für seine Unterstützer/innen hielten sich seine Investitionen in Grenzen. Plakatwerbung lehnte er ab.

Eins fällt auf bei der Rückbetrachtung seines Wahlkampfs: Hövelmann hatte eine Liste über die Zeit des gesamten Wahlkampfs erstellt, die aufzeigte, wann und wo die anderen Kandidaten, insbesondere Reker und Ott, auf welcher Veranstaltung eingeladen waren und welche Medien mit ihnen Interviews geführt hatten – und wo er selbst nicht eingeladen worden war. Begründet wurden die Absagen oft damit, dass man Kandidaten einladen würde, die tatsächlich eine Chance hätten, Oberbürgermeister/in zu werden. Denn die Redezeit und der Raum seien nun mal begrenzt. Der Parteilose fand für diese Ausgrenzung den Begriff der fehlenden »demokratischen Gleichberechtigung« im Wahlkampf. Auf seiner Homepage schrieb er: »Kennen wir nicht – wollen wir nicht – wollen wir auch nicht kennenlernen.« 9104 Stimmen wurden es zum Schluss, gleich 2,82 Prozent. »Ich will eine Wählergemeinschaft gründen. Vor allem unter Studenten habe ich viele Unterstützer.«

Die »Party-Oberbürgermeisterin« Sabine Neumeyer (parteilos)
Eine Zeitung fasste die 46-jährige Gastronomin aus Köln-Ehrenfeld mit anderen Bewerbern als »Gaga-Kandidaten« zusammen. Ihre Themen waren im Wesentlichen Kunst und Kultur. Vielleicht sollte man ihre Kandidatur am ehesten unter Selbstmarketing verbuchen. Werbung in eigener Sache sozusagen. Damit die Vermietung ihres roten Doppeldeckerbusses für Events in ihrem Biergarten an den Ehrenfelder Bahnbögen an Fahrt gewinnt. Als ausgewiesene Fachkraft für diverse Marketingagenturen wird sie sich bei ihrer Kampagne schon etwas gedacht haben. Und solche Nebeneffekte sind durchaus möglich. Wirklich häufig zu Gesicht oder zu Gehör bekommen hat man sie während des Wahlkampfs allerdings nicht. Der rote Doppeldecker als Blickfang und das E-Mobil kamen manchmal zum Einsatz im Straßenwahlkampf. Es hieß sogar, sie habe verschiedene Einladungen zu Podiumsdiskussionen ausgeschlagen. Dabei hätte sie sich doch auch dort gut in Szene setzen und für ihre wenigen Anliegen wie »eine Skihalle für Köln, mehr Radwege, kein Parteienklüngel und bessere Chancen für Bürger im Job« einsetzen können. Stattdessen: Wahlplakate für 1000 Euro. Die Kandidatin im Mieder oder vor ihrem Oldtimer »Linie 7« mit dem Slogan: »Sie kann dat.« Ein anderes Motiv zeigt sie mit einer dicken Zigarre in der Hand. Das letztere fasste ihren Wahlkampf gut zusammen: wenig Rauch um nix. Der Lohn waren 0,78 Prozent. 2532 Stimmen konnte sie auf sich vereinen. »Meine Stimmen

habe ich schwer erkämpft. Ich hatte kaum mehr Stimmen als meine 500 Unterstützerschriften erwartet.« Interessant bleibt, warum sie sich nach Ende des Wahlkampfs nur bei ihren Mitbewerbern auf Facebook bedankt. Und den Namen ihrer einzigen weiblichen Mitbewerberin noch am 17. Oktober 2015, also einen Tag vor der Wahl, falsch schreibt. »Recker« anstatt Reker.

Der Vorsitzende der AfD Köln, Hendrik Rottmann
Er bekam 4,01 Prozent der Stimmen. Das bedeutet, 12 934 Kölner haben ihn für wählbar gehalten als obersten Repräsentanten der Stadt. Auch noch, nachdem die aussichtsreichste Kandidatin Reker aus fremdenfeindlichen Motiven niedergestochen worden war. Was hat dieser Mann an sich? Betriebswirt, Soldat, Vorsitzender der rechtspopulistischen AfD Köln und Ratsmitglied. Früher war er in der CDU. Er wirkt wie der Nachbar von nebenan. Vater, Kollege und Schnurrbartträger. Mitglied oder Vorsitzender in diversen Vereinen.

Bei Wikipedia stellte ein User den Antrag, den Eintrag über Henriette Reker zu löschen. Eine Kölner Zeitung fand heraus, dass sich ein Oberbürgermeisterkandidat hinter dem Löschantrag verbarg: der User »Hero3105« alias Hendrik Rottmann. Da habe sein Gerechtigkeitssinn einfach zugeschlagen, so der Kandidat. Wikipedia fordert bei Politikern landesweite Relevanz. Mit der Unterstützung durch Parteien und Wählergruppen hatte Reker sogar bundesweite Relevanz erlangt. Im Gegensatz zu dem AfD-Kandidaten. Sein

Eintrag war von Wikipedia-Administratoren gelöscht worden – den hatte er auch noch selbst verfasst. Was ebenfalls gegen die Spielregeln von Wikipedia verstieß. Grund dafür sind Interessenkonflikte.

Nach der Wahl kam heraus, dass Rottmann, von dem bislang nur bekannt war, dass er bei der Bundeswehr arbeitet, beim Militärischen Abschirmdienst (MAD), dem Geheimdienst der Bundeswehr, tätig ist. Der MAD beobachtet extremistische Tendenzen in der Bundeswehr, unter anderem die rechtsradikale Gesinnung von Soldaten – ausgerechnet.

»4 Prozent hinter der Spaß-PARTEI wurmt mich. Die Wahlbeteiligung war indiskutabel gering.«

Der Azubi zum Einzelhandelskaufmann, Kevin Krieger (Republikaner)
1575 Stimmen, das macht 0,49 Prozent der Wähler/innen. »Das Ergebnis ist unwichtig. Wir haben den Antritt geschafft. Das ist schon bemerkenswert«, sagte sein Sprecher. Der Oberbürgermeisterkandidat war bei der Kandidatur 24 Jahre alt und investierte seine restliche Zeit in die Ausbildung zum Einzelhandelskaufmann. Sein Motto lautete: »Köln denkt um, Willkommenskultur ist dumm!« Er wollte sich als Oberbürgermeister konsequent gegen die Klüngelwirtschaft Kölns wenden, »statt nur hohle Phrasen zu dreschen, wie man es von der Politikelite gewohnt ist«. Seine Alternativformulierung war: »Für und nicht gegen Kölner!« Am Wahltag war er angeblich parteipolitisch in Duisburg unterwegs.

4. Mai 2015

Unterstützung für Henriette Reker nun auch von der Wähler-gruppe DEINE FREUNDE: »Auf kommunaler Ebene ist Parteienkalkül fehl am Platz. Es geht darum, die Interessen von mehrheitlich parteilosen Bürgerinnen und Bürgern zu vertreten. DEINE FREUNDE wünschen sich für Köln eine Kultur der Sachpolitik, in der die politischen Entscheider und Akteure in der Verwaltung nach der sachlich besten Lösung suchen, anstatt sich Parteiinteressen oder Fraktionszwängen unterzuordnen. Henriette Reker steht für eine solche unabhängige Sachpolitik. Seit fünf Jahren ist sie als Sozialdezernentin Teil des Kölner Stadtvorstandes, in dieser Zeit hat sie Stärken und Schwächen der Kölner Verwaltung kennengelernt. DEINE FREUNDE wollen helfen, ihr die Gelegenheit zu geben, erkannte Mängel und Blockaden in der Verwaltung zu lösen.« Im Stadtrat sind DEINE FREUNDE mit zwei Stimmen vertreten.

9. Mai 2015

Geburtsstunde der Wählerinitiative für Henriette Reker. Rund 200 Gäste folgen der Einladung der früheren Grünen-Vorsitzenden Anne Lütkes, des früheren Bundesinnenministers Gerhart Baum (FDP) und des Ex-Oberbürgermeisters Fritz Schramma (CDU) ins Stadtpalais am Römerturm. »Christdemokraten im feinen Zwirn, Grüne in Jeans, Liberale irgendwo dazwischen«, schreiben die Zeitungen.

»Flotte Sprüche sind kein Ersatz für das Handwerk solider Verwaltungsführung«, lautet Rekers Antwort auf den Seitenhieb des SPD-Kandidaten, welchen er bei seiner Nominierung im März losließ. »Ein Secondhandkandidat, der nur antritt, weil ein anderer erst gar nicht wollte. Die Stadt hat aber mehr verdient.«

19. Mai 2015

Die Stimmzettel sind erneut ausgezählt, der Verdacht hat sich bestätigt: Die Stimmen von SPD und CDU im Rodenkirchener Briefwahlbezirk wurden vertauscht. Rot-Grün verliert die Mehrheit, Ott fliegt aus dem Stadtrat.

Das Vertrauen in Politik und Verwaltung hat schwer gelitten. Über zehn Monate mussten die Kölner/innen auf das gerichtlich erzwungene, korrekte Wahlergebnis warten – gegen den Widerstand von SPD-Fraktion, Stadtdirektor, Oberbürgermeister, Regierungspräsidentin und Landesinnenminister, sämtlich SPD.

Aufarbeitung? Eingeständnisse? Entschuldigung? Vertrauensbildende Maßnahmen?

Die SPD teilt mit: »Das Ergebnis der Neuauszählung im Rodenkirchener Briefwahlbezirk steht nunmehr fest und damit auch die endgültige Sitzverteilung im Stadtrat: Die SPD verbessert sich im Vergleich zur letzten Ratsperiode um 1,4 Prozent und wird mit nun 26 Sitzen erstmals seit 1994 wieder mitgliederstärkste Fraktion. Die CDU bleibt trotz Verlusten unverändert mit 25 Sitzen im Rat vertreten. Die Grünen verlieren 2 Mandate und sind mit nun 18 Sitzen im Rat repräsentiert. Die Korrektur der zwischenzeitlichen Mandatsverschiebung zulasten der SPD bleibt ohne wesentliche praktische Auswirkungen für die Arbeit des Rates und seiner Gremien. Infolge der Irritationen um das strittige Briefwahlergebnis in Rodenkirchen hatte die SPD auf eine Stimme im Rat verzichtet, um keinen Vorteil aus einem angezweifelten Ergebnis zu ziehen. Diese Praxis wird nun durch das endgültig festgestellte Wahlergebnis fortgeschrieben. [...] Auf Vorschlag der SPD-Fraktion wird Jochen Ott seine Arbeit in den kommunalen Gremien im Wesentlichen unverändert fortsetzen, bis er ab September als Oberbürgermeister den Vorsitz des Rates übernehmen soll. […] Im Hinblick auf die Mehrheitssituation im Rat der Stadt Köln beabsichtigt die SPD, ihre Gespräche mit den Grünen zur Bildung eines Gestaltungsbündnisses, das auch den städtischen Haushalt umfasst, baldmöglich abzuschließen. Mit Blick auf die enormen Herausforderungen und Weichenstellungen der nächsten Jahre hält die SPD stabile und berechenbare Verhältnisse im Rat für elementar.«

Juni 2015

Der CDU-Parteivorsitzende Bernd Petelkau löst auf einem Parteitag eine Lawine der Entrüstung aus: Um sich voll auf den Wahlkampf konzentrieren zu können, hatte Henriette Reker bei Jürgen Roters als ihrem Dienstherrn knapp zwei Monate Urlaub beantragt. Erst nachdem Reker ein Rechtsgutachten vorlegte, war dieser bereit, den Urlaub zu genehmigen. »Es ist eine Unverfrorenheit, mit welch billigen Mitteln die SPD-Spitze versucht, unsere Kandidatin im Wahlkampf zu behindern«, so Petelkau. Reker hält sich in der öffentlichen Kommentierung zurück: »Ich wollte nicht, dass dieser Zwist öffentlich wird. Aber ich musste ja den Parteien, die mich unterstützen, erklären, weshalb ich immer noch keine Terminzusage für die heiße Wahlkampfzeit machen kann – weil mein Urlaub noch nicht genehmigt war.« Roters erklärt: »Mir ging es nur darum, dass Frau Reker darlegt, wie dieser Urlaubsanspruch zustande kommt. Vor allem wollte ich sichergestellt wissen, dass die Vertretung der Sozialdezernentin, gerade beim Thema Flüchtlingsunterbringung, gut vorbereitet ist.«

Mit Beginn ihres Urlaubs am 20. Juli verlässt Reker das Tagesgeschäft als Dezernentin. Als Vertreterin benennt Roters die Stadtkämmerin Gabriele Klug (Grüne).

4. Juli 2015

Während in Köln 950000 Menschen den Christopher Street Day (CSD) feiern, lässt eine Kölner Zeitung die Bombe platzen: Am Abend der Aidsgala erscheint die Nachtausgabe der Zeitung, darin ein Artikel mit der Schlagzeile »Kurz vor dem CSD: Riesen-Wirbel um Unterstützung für Ott«. Der Skandal verbreitet sich in der Community wie ein Lauffeuer. Am nächsten Morgen erscheint dann allerdings der identische Artikel mit einer neuen Überschrift: »Riesen-Wirbel kurz vor dem CSD: Schwule und Lesben pushen SPD-Chef Jochen Ott«. Ein Schelm, wer Böses dabei denkt. Dieser Aufmacherwechsel gilt angeblich als eine der größten Leistungen des Wahlkampfteams um Ott.

Aber worum ging es eigentlich?

Die Zeitung veröffentlicht einen Schriftwechsel zwischen Veranstalter und SPD-Funktionären, aus dem hervorgeht, dass der Verein Ott massiv bei seinem Wahlkampf unterstützt. Ein Vorstandsmitglied bereitet ihn mit internem Wissen und abgesprochenen Fragen zum Beispiel auf Podiumsdiskussionen vor, in denen er auf seine Rivalin trifft, »so kannst Du viel Wählerpotenzial von Reker auf Dich vereinigen«. In einem Exposé wird er über Szene-Aktivist/innen informiert: »sehr grün, bezieht Hartz IV«, »in Unfrieden aus dem Verein ausgeschieden«. Pikant: Der Veranstalter plant einen politischen Schlagabtausch der beiden Kontrahenten vor rund 20000 Menschen während des CSD, dem sich Reker trotz der Vorkommnisse jedoch stellt. Nach seiner Satzung ist der Verein politisch neutral und Mitglied der Stadtarbeitsgemeinschaft Lesben, Schwule und Transgender, ein Gremium, welches den Stadtrat berät und dessen Vorsitzende Reker als Sozialdezernentin ist.

In den sozialen Medien beginnt eine Schlammschlacht

zwischen Befürwortern und Gegnern beider Lager. Die Kandidaten fordern dagegen einen fairen Wahlkampf.

Jochen Ott schreibt auf seiner Facebook-Seite: »Eine solche schriftliche Vorbereitung für einen Termin haben Unterstützer meiner Gegenkandidatin nach einer Veranstaltung an sich genommen.« Der SPD-Geschäftsführer: »Herr Ott ist viel unterwegs und hat viele Freunde, die ihn informieren – schließlich ist es ganz normal, dass man nicht bei jedem Thema im Film ist. [...] Nicht normal ist, dass Privateigentum – Jochen Otts Mappe – möglicherweise sogar entwendet worden ist, um es jetzt in Umlauf und Ott in Misskredit zu bringen. Das ist strafrechtlich relevant und Wahlkampf schmutzigster Sorte.«

Der Grünen-Fraktionsgeschäftsführer: »Abgründe politischer Kulturlosigkeit tun sich auf. Er ist wie die Stasi – Ott sucht sich informelle Mitarbeiter, die sogar Personen in perfider Weise abqualifizieren. Das ist schmutziger Wahlkampf!«

22. Juli 2015
Beben in der Kölner Kulturlandschaft: Die für den 7. November geplante Wiedereröffnung von Oper und Schauspielhaus ist geplatzt und Köln einmal mehr mit einer Negativnachricht in den Schlagzeilen. Seit Monaten wurde darüber spekuliert, nachdem es im Laufe der dreijährigen Sanierungsarbeiten immer wieder zu Verzögerungen kam. Das Vertrauen zwischen Stadtrat und Stadtverwaltung ist endgültig erschüttert, die Rufe nach einer professionellen Verwaltungsspitze werden unüberhörbar.

Der Sanierung der Gebäude am Offenbachplatz ging ein langer politischer Streit voraus: 2006 beschließt der Stadtrat eine Sanierung der Oper sowie einen Abriss und Neubau des Schauspielhauses. Ein Bürgerbegehren kippt den Plan. 2011 folgt der endgültige Ratsbeschluss: Oper und Schauspielhaus werden beide saniert, Kostendeckelung: 253 Millionen Euro. Im Juli 2012 beginnen die Bauarbeiten. Im Oktober 2014 prognostiziert der Projektsteuerer deutlich höhere Baukosten und warnt, dass der geplante Eröffnungstermin im November 2015 nicht zu halten sein werde. Was die Stadtverwaltung anfangs als inakzeptabel zurückwies, teilt sie Ende Oktober 2014 den empörten Politiker/innen im Kulturausschuss mit: Die Sanierung wird teurer, inzwischen werden 276 Millionen Euro erwartet. Im März 2015 bezweifelt der Projektsteuerer erneut den Eröffnungstermin, die Stadtverwaltung teilt währenddessen mit: »Die eingeleiteten Beschleunigungsmaßnahmen zeigen bereits erste positive Wirkungen.«

Geld scheint zu diesem Zeitpunkt keine Rolle mehr zu spielen: Die Kulturdezernentin stellt im April 2015 den »Eröffnungstermin weiterhin vor die Kosten«, weil der Imageschaden bei einer Verschiebung enorm wäre. Der Projektsteuerer geht, ein neuer kommt, fassungslose Politiker/innen bleiben. Im Mai 2015 wird klar: Die Beschleunigung kostet viel Geld, bringt aber nicht den gewünschten Erfolg. Krisensitzung auf Krisensitzung. Am 12. Mai 2015 folgt die offizielle Mitteilung an den Stadtrat: Kinderoper, Werkstatt und Büroräume werden nicht rechtzeitig fertig – der Eröffnungstermin für Oper und Schauspielhaus aber steht. Am 23. Juli 2015 folgt auch hierüber Gewissheit: Eine Eröffnung kommt frühestens zum Beginn der Spielzeit 2016/17 infrage.

»Es hat sich herausgestellt, dass das Beschleunigungsprogramm, was wir auf der Baustelle in Gang gesetzt haben, durch Kollisionen bei verschiedenen Gewerken die vorhandenen Bauabläufe überfrachtet und in Teilen auch kontraproduktiv wirkt«, gibt die Kulturdezernentin zusammen mit dem Baudezernenten auf einer Pressekonferenz bekannt. Opernintendantin Birgit Meyer und Schauspielintendant Stefan Bachmann stehen vor einem Problem: Die Interims-Spielstätten sind bereits gekündigt, Sänger/innen und Regisseure für die nächste Spielzeit aber längst gebucht. »Wer ist denn so dumm und kündigt seine Wohnung und gibt den Termin für die Einweihungsfeier im neuen Haus bekannt, wenn das Haus noch mitten im Bau ist?«, fragt der Ex-Opernintendant Uwe Eric Laufenberg in einer Tageszeitung.

Oper und Schauspiel heimatlos und ohne Ausweichquartier, Millionenschäden, Imageschaden, Ungewissheit und eine Baustelle, die niemand überblickt. Wer trägt die Verantwortung? Niemand. »Ich habe hier nicht den Oberverantwortungshut auf«, lässt die Kulturdezernentin die fassungslosen Politiker/innen wissen.

Die öffentliche Auseinandersetzung zum Operndebakel gilt als Paradebeispiel für das gestörte Vertrauensverhältnis zwischen Stadtrat und Stadtverwaltung und wird von vielen als Beweis für eine offenbar überforderte Stadtverwaltung ohne Steuerung angeführt.

Jochen Ott: »Was wir jetzt nicht tun dürfen, ist, das Projekt schlechtreden. Zunächst muss untersucht werden, wo die Fehler gemacht wurden […] Sollte sich herausstellen, dass externe Dienstleister geschlampt haben, darf die Stadt nicht davor zurückschrecken, den Rechtsweg zu bestreiten, um sich die Mehrkosten zurückzuholen. Bei der Umsetzung von solch komplexen und großen Projekten müssen wir besser werden.«

Henriette Reker: »Jeder, der schon einmal gebaut hat, weiß, wie schwer es ist, einen Fertigstellungstermin einzuhalten. Überraschend ist, dass solche Erkenntnisse erst drei

Monate vor der geplanten Eröffnung gewonnen werden. Das ist enttäuschend.«

Am 27. November 2015 wird Henriette Reker als Oberbürgermeisterin mitteilen, dass die Kosten auf bis zu 460 Millionen Euro stiegen und eine Eröffnung für die Spielzeit 2016/2017 nicht zu realisieren sei.

30. Juli 2015

Henriette Reker und Jochen Ott starten ihre Wahlwerbung und verwandeln die Stadt mit rund 20 000 Postern in einen Plakatwald. Was noch niemand ahnt: Es wird zu einer Wahlverschiebung kommen, die den Kölner/innen auch eine Plakatzugabe beschert. Köln bleibt drei Monate ein Plakatwald.

Rekers Startschuss wird begleitet von einem ungewöhnlichen Trio: dem CDU-Landesvorsitzenden Armin Laschet, der Landesschulministerin Sylvia Löhrmann (Grüne) sowie dem FDP-Bundesvorsitzenden Christian Lindner. Auf ihren Plakaten wirbt sie mit ihren Unterstützern: CDU, Grüne, FDP, DEINE FREUNDE und Freie Wähler. Auf den Plakaten des SPD-Kandidaten fehlt dagegen etwas Entscheidendes – der Name seiner Partei, bislang vermutlich einmalig bei einem SPD-Kandidaten.

»Man ist einiges gewohnt vom deutschen Plakatwahlkampf, aber diesmal scheint der Wunsch, möglichst ohne Botschaften über die Runden zu kommen, besonders ausgeprägt«, kommentiert eine Kölner Zeitung die Motive. »Vom Straßenfest bis zur Opernpremiere – unsere Kultur wertschätzen«, lässt sich auf einem Reker-Plakat lesen. In Anbetracht der geplatzten Operneröffnung mutig, könnte man denken. »Ich sehe aus wie eine jüngere Schwester, die ich nicht habe«, kommentiert Reker die Arbeit der übereifrigen

Bildbearbeitungsprofis, die zu einer öffentlichen Krähenfuß-diskussion führen.

Der SPD-Kandidat wirbt mit seiner jungen Familie: »Die Kleinen sind für mich die Größten.« »Gehören Ihre Töchter aufs Wahlplakat, Herr Ott?«, fragt eine Kölner Zeitung. »Bei der Oberbürgermeisterwahl geht es nicht um Parteien, sondern um Personen. Die Wähler stimmen also auch darüber ab, was für einen Typ von Politiker sie als Oberbürgermeister haben wollen«, antwortet er. Gemeint ist damit wohl Familienvater gegen kinderlose Frau. »Wenn es darum geht, Köln kinder- und familienfreundlicher zu machen, bin ich authentisch, weil ich die Probleme aus dem eigenen Erleben kenne«, fügt er hinzu. Die kinderlose Henriette Reker hätte also einen Nachteil als Rathaus-Chefin?

»Ich möchte Herrn Ott gerne daran erinnern, dass er seit 14 Jahren Vorsitzender der Partei ist, die alle einflussreichen Positionen in dieser Stadt besetzt. Wie er dieser Verantwortung nachgekommen ist, können wir auch an der gerichtlich erzwungenen Neuauszählung feststellen. Die Frage ist also nicht, wer von uns beiden Verantwortung übernehmen will, sondern wer von uns beiden in diesem Vorsatz glaubwürdiger ist. Und dazu muss ich nicht meine Familie bemühen. Was Führungsqualitäten mit Familienleben zu tun haben, würde ich gerne mal unsere Bundeskanzlerin fragen«, kontert Reker.

Am 2. September steht fest: Die Wahl wird wegen falsch gestalteter Wahlzettel verschoben und der Wahlkampf um fünf Wochen verlängert, im Falle einer Stichwahl sogar um acht Wochen. Neue Plakate müssen her.

»Kann sie mit ihren Falten ihren Gegner zusammenfalten?«, fragt sich eine Kölner Zeitung als Reaktion auf Rekers neue Plakate. Reker setzt sich durch – gegen die Gepflogenheiten der Werbeprofis – und lässt sich in der Plakatneuauflage nicht mehr jünger mogeln: »Ich will mich doch nicht als Model bewerben, ich will authentisch sein, das ist ja gerade mein Thema.«

»Ich möchte den Fokus auf bezahlbaren Wohnraum und auf eine gute Verkehrsentwicklung legen. Beides Themen für ein flexibles und faires Miteinander in Köln«, erklärt Ott seine neuen Plakate. Eine WDR-Umfrage hatte im Vorfeld zutage gebracht, was die Kölner/innen aktuell am meisten bewegt: bezahlbare Wohnungen bauen und Verkehrsinfrastruktur verbessern (und an erster Stelle: Flüchtlinge angemessen unterbringen und versorgen).

Ein Tabubruch im Wahlkampf: Flüchtlinge

202 645 Asylanträge wurden im Jahre 2014 in Deutschland gestellt. Im Februar 2015 ging das Bundesamt für Migration und Flüchtlinge von einem Anstieg auf 300 000 Asylanträge im Jahr 2015 aus. Die Prognosen mussten mehrmals korrigiert werden, bis zum 31. Dezember wurden 1 091 894 Asylsuchende registriert. Was war passiert? In Syrien tobt seit 2011 ein militärischer Bürgerkrieg zwischen Regierungstruppen und verschiedenen Oppositionsgruppen. Zu Beginn wollten viele Syrer ihre Heimat nicht verlassen oder zumindest so schnell wie möglich zurückkehren. Die Schreckensherrschaft von Regierung und terroristischen Vereinigungen und das immer größere Ausmaß der Zerstörung zwangen viele Syrer zur Flucht. Syrien gehört zu den Hauptherkunftsländern von Asylsuchen-

---

den in Deutschland, gefolgt von den Westbalkanstaaten Albanien und Kosovo.

In Köln waren 2014 in kommunalen Einrichtungen 5141 Geflüchtete untergebracht, Ende 2015 bereits 10 153. Nur mit großen Anstrengungen konnte es gelingen, drohende Obdachlosigkeit der Betroffenen abzuwenden. Zulasten des Schul- und Vereinssports mussten hierzu auch immer wieder Notunterkünfte in städtischen Turnhallen eingerichtet werden.

Als Sozialdezernentin war Henriette Reker von 2010 bis 2015 für die kommunale Unterbringung von Flüchtlingen in Köln zuständig. Mit Beginn ihres Wahlkampfes schienen die Zahlen zu explodieren – in den ersten Monaten des Jahres 2015 lag die Zahl untergebrachter Flüchtlinge bereits deutlich über dem Niveau des Vorjahres. Auf einen typischen Wahlkampf wollte Reker verzichten, weil sie als Dezernentin an ihrem Schreibtisch gebraucht wurde. Ihren geplanten Urlaub für die heiße Wahlkampfphase trat sie erst mit einigen Tagen Verspätung am 20. Juli an, denn in diesem Monat hatte die Zahl der Neuankömmlinge ihren vorläufigen Höhepunkt erreicht: Allein im Juli mussten 528 Flüchtlinge untergebracht werden, im Vormonat Juni waren es 297, im Mai 241 und im April 168.

Bereits im Jahr 2014 verzeichnete die Stadt mit einem Anstieg untergebrachter Flüchtlinge von 2069 auf insgesamt 5141 Personen den höchsten Anstieg seit Dokumentation der jährlichen Flüchtlingszahlen Anfang der 90er-Jahre. Wohlweislich hatten SPD, CDU, Grüne, Linke und FDP auf Anregung des Runden Tisches für

Integration 2014 eine Fairness-Vereinbarung unterschrieben: »Die unterzeichnende Partei verpflichtet sich ausdrücklich – auch wenn dies laut ihrem Grundsatzprogramm selbstverständlich ist –, im Wahlkampf zum Europäischen Parlament und zur Kommunalwahl 2014 nicht auf Kosten von unter uns lebenden Menschen mit Migrationshintergrund Wahlkampf zu betreiben und inhaltlich fair zu bleiben; keine Vorurteile gegen die hier lebenden MigrantInnen und Flüchtlinge zu schüren oder aus eigenen Reihen zu dulden, MigrantInnen nicht für negative gesellschaftliche Entwicklungen wie Arbeitslosigkeit oder Gefährdung der Inneren Sicherheit verantwortlich zu machen. Das heißt gerade auch in Wahlkampfzeiten die ethnische Vielfalt in unserer Gesellschaft als Bereicherung zu achten.«

Am 14. März 2015 wird Jochen Ott vom Parteitag als Oberbürgermeisterkandidat bestätigt und erklärt noch in seiner Bewerbungsrede, keinen Wahlkampf auf dem Rücken der Flüchtlinge machen zu wollen, »aber es kann nicht sein, dass man keine kritische Anmerkung mehr machen darf, wenn konzeptlos verwaltet wird«. Henriette Reker dürfe als zuständige Dezernentin die Willkommenskultur nicht durch Versprechungen gefährden, die sie nicht einhält. Ein Beispiel sei die Umfunktionierung einer Turnhalle zur Notunterkunft, was ursprünglich zeitlich befristet sein sollte. »Man kann den Menschen in Köln-Weiden nicht sagen, dass sie in drei Monaten ihre Turnhalle zurückbekommen, um dann einen Monat später wieder Flüchtlinge einzuquartieren. Einen Vertrauensvorschuss der Bürger darf man nicht verspielen, damit uns die Menschen nicht von der Fahne gehen, denn wir brauchen sie in diesem schwierigen Prozess.«

Oberbürgermeister Roters hatte zuvor gesagt: »Ich habe die Sozialdezernentin beauftragt, eine Task Force über alle Dezernate einzurichten, und ihr umfangreiche Kompetenzen zugeordnet. Jetzt muss sie auch anpacken. Ich erwarte, dass sie den Prozess der Flüchtlingsunterbringung geordnet in die Wege leitet. Wir werden sie daran messen, ob es ihr gelingt.«

Lässt sich Verantwortung delegieren? Die Bundeskanzlerin macht einige Monate später vor, was Verantwortung bedeutet: Sie erklärt das Thema zur Chefinnensache und bündelt die »politische Gesamtkoordinierung aller Aspekte der aktuellen Flüchtlingslage« in ihrem Kanzleramt. Henriette Reker erklärte im Wahlkampf ein ähnliches Vorhaben: Sie will das Thema Integration im Oberbürgermeisterinnenamt ansiedeln und hierzu eine Stabstelle einrichten.

Die Stadtgesellschaft zeigt sich währenddessen von ihrer besten Seite: »Gegenüber den derzeit in ihre Stadt kommenden Flüchtlingen zeigen sich die Kölner mehrheitlich offen. Drei Viertel geben an, dass ihnen die derzeitige Zuwanderung keine Angst bereitet. Neun von zehn begrüßen es, dass sich Privatleute für die Flüchtlinge vor Ort engagieren«, bringt eine repräsentative Umfrage durch Infratest dimap für den WDR Anfang September zutage.

»Welche der folgenden Aufgaben sollte Ihrer Meinung nach der neue Oberbürgermeister in Köln als Erstes angehen?«, will man bei der Umfrage außerdem wissen. Jede/r zweite Kölner/in sieht in der angemessenen Unterbringung der Flüchtlinge die wichtigste Aufgabe. Diese Erkenntnis scheint der Startschuss für eine neue Geschmacklosigkeit im Wahlkampf gewesen zu sein. Die Fairnessvereinbarung der Parteien scheint vergessen, Flüchtlinge werden fortan instrumentalisiert.

Am 24. September gibt Jochen Ott eine Pressekonferenz zur Flüchtlingspolitik. Dabei sind ihm drei Kernaussagen wichtig, darunter: »Bei der Unterbringung der Flüchtlinge müssen wir darauf achten, dass die positive Willkommenskultur nicht aufs Spiel gesetzt wird.«

Henriette Reker veröffentlicht am selben Tag eine Pressemitteilung, wonach sie u. a. das Thema Integration zur Chefinnensache erklärt.

Ende September informiert Ott Sportvereine und Schulen per Brief über seine Haltung zur Belegung von Turnhallen mit Flüchtlingen – »auch zur Weiterleitung an die Schulpflegschaft/Fachlehrer Sport«: »Angesichts stetig steigender Flüchtlingszahlen hat die städtische Task Force am vergangenen Freitag entschieden, weitere Turnhallen zur Flüchtlingsunterbringung zu nutzen [...] Da das seit Langem geforderte Gesamtkonzept in der Flüchtlingsunterbringung immer noch fehlt, ist diese Notmaßnahme nach Auskunft der Verwaltung derzeit unumgänglich. Mit dieser Antwort werden Sie, werden wir alle konfrontiert, obwohl gleichzeitig zahlreiche alternative Unterbringungsmöglichkeiten diskutiert werden, ohne dass deren Eignung vor einer Belegung von Turnhallen ausreichend ausgeschlossen wurde. Zudem fehlt jegliche Aussage zu einer zeitlichen oder auch räumlichen Perspektive. Das ist nicht zu akzeptieren. Ich teile die Sorgen vieler Eltern, dass durch die immer weitere Belegung von Sporthallen dem Schulsport ein nachhaltiger Schaden entsteht. [...] Die Schließung von Sporthallen hat gravierende Auswirkungen nicht nur auf den Trainings- und Wettkampfbetrieb der Sportvereine, sondern auch für den Sportunterricht an Schulen. Der Schulsport liegt brach, Unterrichtsstunden entfallen, Abiturprüfungen im Leistungskurs Sport sind gefährdet, Ersatzzeiten und alternative Räumlichkeiten stehen nicht zur Verfügung. [...] Ich erwarte beispielsweise, dass eine zeitnahe Prüfung von alternativen Unterbringungsmöglichkeiten wie z. B. von Hallen in Leichtbauweise erfolgt. Aus meiner Sicht hat die zuständige Task Force unter Leitung der Sozialdezernentin Reker das bislang versäumt. Warum schafft es z. B. München, dass dort keine einzige Turnhalle belegt ist, während Köln eine Halle nach der anderen beschlagnahmt? [...] Die positive Willkommenskultur in unserer Stadt darf nicht aufs Spiel gesetzt werden. Dafür setze ich mich ein. Ich möchte, dass es in Köln auch weiter gerecht zugeht.«

Die Reaktionen lassen nicht lange auf sich warten. Reker: »Aufgrund der veränderten Lage kann das Konzept zur Unterbringung von Flüchtlingen in verschiedenen Wohnformen nicht vollständig greifen. Vor dem Hintergrund des ständigen Zustroms weiterer Flüchtlinge müssen wir vorübergehend auch Turnhallen belegen. München belegt vielleicht keine Turnhallen, nutzt anstelle dessen aber Zelte. Man darf sich fragen, was besser ist.«

Der CDU-Chef prangert einen Tabubruch an: »Es ist unerhört, mit Flüchtlingen Wahlkampf zu machen. Die Chefs aller demokratischen Parteien in Köln haben sich schriftlich verpflichtet, dies zu unterlassen.«

Der grüne Landesvorsitzende sagte: »Niemand behauptet, dass wir nicht vor großen Herausforderungen stehen. Aber so plump Stimmung gegen Flüchtlinge zu machen ist unwürdig. Es wäre die Aufgabe eines Kandidaten für das Amt des Oberbürgermeisters, Lösungen zu suchen und zu finden. Davon findet sich in dem Brief keine Spur.«

Währenddessen taucht an den Wahlkampfständen des SPD-Oberbürgermeisterkandidaten ein neues Flugblatt auf: »Ich werde das Thema Flüchtlinge zur persönlichen Chefsache machen«, »Flüchtlinge müssen anders untergebracht werden, als in Turnhallen«, »Wir dürfen die integrative Kraft des Sports durch die Belegung von Hallen nicht leichtfertig aufs Spiel setzen«, »Wir haben in Köln kein Beschluss-, sondern ein Umsetzungsdefizit. Viel zu lange hat sich die zuständige Dezernentin Reker von einer Notlage in die nächste gehangelt. Wir müssen Verfahren beschleunigen, Standards hinterfragen und Ausnahmen zulassen« und »Geben Sie meine Positionen gerne in Ihren Kreisen weiter!« Genau dazu sollen viele Genoss/innen an den Ständen nicht bereit gewesen sein.

Am 15. Oktober erfolgt eine Videoerklärung des SPD-Kandidaten auf seiner Facebook-Seite: »Wenn es einen

Bereich gibt, wo Frau Reker Verantwortung getragen hat in den letzten zwei Jahren und wo man sehen kann, wie sehr Chefsache bei ihr funktioniert, nämlich gar nicht, dann ist es der Bereich der Flüchtlingspolitik. Frau Reker ist die Chefin der Task Force seit zwei Jahren gewesen und sagt jetzt, sie will das Thema zur Chefsache machen. Da kann ich nur lachen. Mehr Chef als in der Task Force ging nicht – und was ist passiert? Gar nichts. Einen Tag, nachdem sie in den Wahlkampfurlaub gegangen ist, hat die Stadt angefangen, die Turnhallen zu belegen. Jetzt werden weitere Turnhallen belegt, Woche für Woche, die Vereine geraten immer mehr unter Druck, es ist absolut absurd, in einer solchen Situation den Vereinssport so zu beschneiden, dass er de facto nicht mehr stattfindet. [...] Ich lehne das zutiefst ab, deshalb will ich, dass die Turnhallen bis zum 31.12. leer gezogen werden. [...] Das große Problem ist nur, die Task Force hat vieles verpennt. Warum hat man nicht ein Gesamtkonzept schon längst erarbeitet? Gabrielle Klug von den Grünen [Klug war vom Oberbürgermeister als Urlaubsvertretung von Reker benannt worden] sagt, es gebe kein Gesamtkonzept, immer nur von der Hand in den Mund. Sie versucht, die Fehler ihrer Vorgängerin zu bearbeiten, und das ist schwer genug. Und deshalb kann ich nur sagen: [...] Es muss aufhören, dass man so dilettantisch an dieser Stelle vorgeht.«

Reker: »Mein Ziel war und ist, keine Turnhallen für die Flüchtlingsunterbringung zu nutzen, denn das schränkt nicht nur die wertvolle Arbeit der Schulen und

Vereine ein, sondern ist auch nicht gut für die Flüchtlinge. Aber vor dem Hintergrund der ständigen wachsenden Flüchtlingszahlen müssen wir vorübergehend eben auch Turnhallen belegen. In Köln gibt es – anders als behauptet – seit 2011 ein Konzept zur Unterbringung von Flüchtlingen in verschiedenen Wohnformen: in festen Gebäuden, Fertigbauten und Containern. Ich finde es unerträglich, Wahlkampf auf den Rücken von Menschen zu machen, die alles verloren haben. [...] Bislang galt über alle Akteure und Parteien hinweg der Konsens, dieses Thema nicht in den Wahlkampf hineinzuziehen. Alle Parteien haben diesen Konsens immer wieder eingefordert. Daran möchte ich gerne erinnern.«

Zu diesem Zeitpunkt sind sieben von 270 Turnhallen belegt.

Ein umfangreiches Konzept zur Unterbringung von Flüchtlingen wurde im Sozialdezernat in Zusammenarbeit mit Experten des Runden Tisches für Flüchtlingsfragen erarbeitet und 2011 vom Stadtrat verabschiedet. Aber eben nur zur Unterbringung.

Hat der Wahlkampf zu einem Bruch des demokratischen Konsenses geführt? Das wird spätestens die nächste Kommunalwahl 2020 in Köln zeigen.

August 2015

Wer ist Michael A., fragt sich Henriette Reker. Ihm hat das Operndebakel so zugesetzt, dass er kurzerhand gegen den amtierenden Oberbürgermeister und die Kulturdezernentin Strafanzeige wegen Untreue stellt. A., ehemaliger Kreisgeschäftsführer der Rhein-Erft-CDU, engagierte sich für seine Partei im Wahlkampf und somit auch für Reker. Der CDU-Parteivorsitzende Bernd Petelkau: »Herr A. hat nur für die Kölner CDU gearbeitet. Reker hat ihn nie kennengelernt. Die Anzeige hat er mit niemandem abgestimmt. Nachdem wir davon erfahren haben, haben wir als CDU uns sofort von ihm getrennt.« A. war allerdings im Impressum von Rekers Homepage als Ansprechpartner für ehrenamtliche Mitarbeiter aufgeführt. Für die Boulevardpresse ein gefundenes Fressen: »Aus Henriette Reker wird Henriette Schwindler.«

Der SPD-Fraktionsvorsitzende Martin Börschel: »Es spricht für sich, wenn Frau Reker sagt, dass sie Herrn A. nicht kennt, obwohl er auf ihrer Internetseite aufgeführt war. Entweder wusste Frau Reker von den Manövern ihres Mitarbeiters und wollte bewusst der Stadt und ihrer eigenen Kollegin schaden – oder sie hat ihr Team nicht im Griff.«

»Auf meiner Homepage war ein Ansprechpartner der CDU aufgeführt, der nicht zu meinem direkten Team gehörte. Dies war fehlerhaft und wurde korrigiert. Die Parteien unterstützen mich mit ihren Teams mit selbstständig organisierten Wahlkämpfen. Auch wenn es Teile der Presse anders lieber hätten: Ich bin diesem ehrenamtlichen Mitarbeiter der CDU weder bewusst begegnet, noch hat er in meinem Wahlbüro gearbeitet«, gibt Reker bekannt.

Jürgen Roters leistet seiner Partei währenddessen Wahlkampfhilfe: »Mir ist inzwischen die Einstellungsverfügung der Staatsanwaltschaft zugegangen. Darin steht der deutliche Hinweis, dass keinerlei Anhaltspunkte für eine strafbare Handlung vorliegen. Es ist unbestritten, dass diese Anzeige gegen mich aus dem Umkreis der Wahlhelfer meiner Dezernentin Henriette Reker gekommen ist. Deshalb hätte ich mir gewünscht, dass sie sich dafür öffentlich entschuldigt.«

18. August 2015

»Ab sofort Briefwahl beantragen«, ruft eine Postkarte auf, die Hunderttausende in ihren Briefkästen vorfinden. Eine städtische Information, könnte man denken. »Viele Ihrer Nachbarn haben sich schon für die Briefwahl entschieden und wollen Jochen Ott als Oberbürgermeister für Köln unterstützen«, erfährt der Leser beim Weiterlesen. Eine abtrennbare Postkarte mit der Adresse des städtischen Wahlamts erleichtert das Verfahren. Mit einer Lupe ist der Absender in weißer Schrift auf gelbem Grund zu lesen: »KölnSPD«. Was aussieht wie eine offizielle Information der Stadt Köln, ist in Wirklichkeit eine getarnte Wahlempfehlung der SPD.

Es dauert nicht lange, bis das Wahlamt mit Beschwerden überhäuft wird und die politische Konkurrenz reagiert. »Mit seiner Aktion ist Jochen Ott deutlich zu weit gegangen. Offenbar hat er so große Panik, die Wahl zu verlieren, dass er zu Mitteln der Wähler-Manipulation greift«, meint der Fraktionsgeschäftsführer der Grünen. CDU-Parteivorsitzender: »Dass nun aber der Wahlwerbung der Anschein verliehen wird, es handele sich dabei um ein offizielles Schriftstück der Stadt Köln, ist neu und in höchstem Maße erschreckend.« »Dies ist wieder ein Beispiel für den schlechten Politikstil der SPD«, wettert Henriette Reker.

Die Stadtverwaltung sieht sich zur Klarstellung veranlasst: »Alle städtischen Informationen zur Wahl tragen das Logo der Stadt und nennen als Absender die Wahlorganisation der Stadt Köln«; bei der Postkarte handle es sich um Wahlwerbung einer Partei. Auf das Wahlamt kommt derweil Mehrarbeit zu: Briefwahlanträge können nur mit der offiziellen Wahlbenachrichtigung gestellt werden, daher werde man in jedem einzelnen Fall mit den Einsendern der SPD-Postkarten in Kontakt treten müssen.

2. September 2015

144 000 ausgegebene Stimmzettel sind falsch, 53 000 bereits abgegebene Stimmen ungültig, die Oberbürgermeisterwahl wird um fünf Wochen verschoben.

»Die Namen der Oberbürgermeisterkandidaten sind in sehr kleiner Schriftgröße gehalten, die Kürzel der Parteinamen im Verhältnis riesengroß. Henriette Reker sowie andere Einzelbewerber sind im Nachteil, vor allem gegenüber SPD-Kandidat Jochen Ott. Es geht auch um Barrierefreiheit für Menschen mit Sehschwäche«, beschwert sich Bernd Petelkau und tritt eine ungeahnte Lawine los.

28.08. – Die Stadtverwaltung informiert: »Aufgrund der öffentlichen Diskussion um das Layout der Stimmzettel zur Oberbürgermeisterwahl und um ein ordnungsgemäßes Wahlverfahren sicherzustellen, hat die Wahlleitung heute die Aufsichtsbehörden eingeschaltet.«

01.09. – Die Bezirksregierung stellt fest, dass »der zur Anwendung kommende Stimmzettel für die Oberbürgermeisterwahl in seiner Ausgestaltung gegen die Wahlfreiheit und die Wahlgleichheit und das Recht auf Chancengleichheit der Wahlvorschlagsträger und Wahlbewerber verstößt«. Der Stimmzettel weiche von den Vorgaben der Kommunalwahlordnung NRW »in erheblichem Maß ab, da die Kurzbezeichnung der Partei ca. zweieinhalb Mal so groß wie der Familienname gedruckt« sei. Damit falle die Kurzbezeichnung der Partei dem Nutzer als Erstes ins Auge und erreiche somit einen »Überstrahlungseffekt«, der die sonstigen auf dem Stimmzettel enthaltenen Informationen in den Hintergrund dränge. Amtliche Stimmzettel müssten »so beschaffen sein, dass eine potenzielle Beeinflussung des Wählerwillens zugunsten oder zuungunsten einzelner Wahlvorschläge ausgeschlossen wird«.

02.09., 07:34 Uhr – Die Stadtverwaltung informiert: »Die Wahlorganisation der Stadt Köln hat heute entschieden, dass sie dieser rechtlichen Bewertung der Bezirksregierung umfassend Rechnung tragen wird. Sie prüft derzeit die konkreten Schritte zur Verteilung eines neuen, rechtskonformen Stimmzettels […] Außerdem prüft sie, wie die bereits per Briefwahl und Direktwahl abgegebenen Stimmen rechtskonform in die Wahlentscheidung einbezogen werden können.«

02.09., 15:32 Uhr – Die Stadtverwaltung informiert: »Die Wahl wird wie angekündigt am 13. September 2015 stattfinden. […] Die Stadt Köln hat alle Schritte geprüft, um die Wahl rechtssicher durchzuführen und den Wählerinnen und Wählern die Möglichkeit zu geben, ihre Stimme rechtskonform abzugeben. Sie hat deshalb einen neuen Stimmzettel in Übereinstimmung mit der Kommunalwahlordnung entwickelt, diesen der Bezirksregierung zur Kenntnisnahme und Beratung zugesandt und neu produzieren lassen. […] Die rund 53 000 Stimmen, die bereits vor diesem Stichtag im Rahmen der Brief- oder Direktwahl auf dem alten Stimmzettel abgegeben worden sind, bleiben grundsätzlich gültig. Sie werden am Wahltag ausgezählt und fließen in das Wahlergebnis ein.«

02.09., 17:22 Uhr – Die Stadtverwaltung informiert: »Wichtige Schnellmeldung zur Wahl: Die Bezirksregierung Köln hat heute um 16:30 Uhr der Stadt Köln mitgeteilt, dass in

Ergänzung ihrer rechtlichen Einschätzung vom gestrigen Tage sie zwar den vorgelegten, überarbeiteten Stimmzettel als rechtskonform einstuft, sie allerdings keine Möglichkeit sieht, Stimmabgaben auf den bisherigen Wahlzetteln als gültig zu werten.«

03.09., 17:23 Uhr – Die Stadtverwaltung informiert: »Nachdem die Bezirksregierung heute mitgeteilt hat, dass sie eine Berücksichtigung der bisher per Briefwahl oder Direktwahl abgegebenen Stimmen zur Oberbürgermeisterwahl als nicht rechtskonform bewertet, sieht die Stadt Köln faktisch keine Möglichkeit mehr, die Wahl der Oberbürgermeisterin/des Oberbürgermeisters der Stadt Köln wie geplant am 13. September 2015 durchzuführen.«

03.09., 19:47 Uhr – Die Stadtverwaltung informiert: »Die Bezirksregierung Köln hat heute mitgeteilt, dass sie auch keine andere Möglichkeit sieht, als die Wahl zu verschieben. Damit teilt die Bezirksregierung die Auffassung der Stadt Köln […] Am morgigen Freitag werden Bezirksregierung und Stadt Köln gemeinsam einen Nachwahltermin erörtern.«

04.09., 13:37 Uhr – Die Stadtverwaltung informiert: »Der neue Termin für die Wahl der neuen Oberbürgermeisterin/des neuen Oberbürgermeisters der Stadt Köln steht fest. Die Bezirksregierung Köln hat den Wahltermin festgelegt auf den 18. Oktober 2015.«

04.09., 14:18 Uhr – Die Stadtverwaltung informiert: »Die Bezirksregierung Köln hat auch den Tag einer möglichen

Stichwahl festgelegt. Eine mögliche Stichwahl um das Amt der Oberbürgermeisterin/des Oberbürgermeisters der Stadt Köln wird am 8. November 2015 stattfinden.«

Die Kandidaten und ihre Teams stehen vor einer Belastungsprobe – und Köln produziert erneut bundesweite Negativschlagzeilen. Eine teure Blamage: Rund eine Million Euro Mehrkosten rechnen die Zeitungen vor.

Henriette Reker teilt auf Facebook mit: »Ich wundere mich nicht über einen weiteren Vorfall, der dazu beiträgt, das Vertrauen der Bürgerinnen und Bürger in die Stadtverwaltung erneut zu erschüttern. Das bestätigt mich in meiner Motivation für meine Kandidatur: Ich bin angetreten, um den Kölnerinnen und Kölnern das Vertrauen in ihre Stadt zurückzugeben. Diese Stadt braucht ein professionelles Management unter Führung einer unabhängigen, parteilosen und erfahrenen Verwaltungsexpertin. Wir dürfen es nicht zulassen, dass ausgerechnet die politischen Kräfte die Verwaltungsspitze stellen, die federführend sowohl für die Verhinderung der Neuauszählung in Rodenkirchen Anfang des Jahres eingetreten sind als auch jetzt das neuerliche Desaster zu verantworten haben.«

Jochen Ott äußert sich ebenfalls auf Facebook: »Ich bin stinksauer. Es muss doch möglich sein, dass hier eine ordentliche Wahl organisiert wird. Mir wird durch den Wahlzettel ein Vorteil unterstellt, den ich überhaupt nicht haben will. Ich erwarte von der Wahlaufsicht, dass sie jetzt Führung übernimmt. Die Wahl muss gerecht und zweifelsfrei für alle ablaufen.«

Die FDP-Parteivorsitzende Yvonne Gebauer fordert, die Schuldezernentin als Wahlleiterin abzulösen: »Wahlleiterin Agnes Klein hat diesen tendenziösen Wahlzettel für die SPD genehmigt, sie hat die Rechtmäßigkeit der Oberbürgermeisterwahl aufs Spiel gesetzt und die Chancengleichheit unter den Kandidaten gebrochen.« Der Fraktionsgeschäftsführer der Grünen kommentiert: »Dies ist eine weitere Blamage für die Millionenstadt Köln. Erneut wird deutlich, dass es in der Stadtverwaltung an politischer Unabhängigkeit und dem Willen zur überparteilichen Leitung fehlt.«

Der CDU-Parteivorsitzende Petelkau löst währenddessen die nächste Lawine aus: »So etwas hat es zuletzt 1933 gegeben, als ein großes ›Ja‹ und ein kleines ›Nein‹ auf Stimmzettel gedruckt wurden.« Oberbürgermeister Roters erwägt juristische Schritte, denn es sei »unerträglich, wenn Mitarbeiterinnen und Mitarbeiter der Stadt leichtfertig in die Nähe des nationalsozialistischen Terrorregimes gerückt werden«. Der CDU-Parteivorsitzende entschuldigt sich öffentlich für seinen unangemessenen Nazivergleich.

Einige Tage später gastiert das Theater im Hauptausschuss des Stadtrats. Hier erfahren die Politiker / innen, dass unrechtmäßige Stimmzettel eine Tradition in Köln sind, auch wenn sich daran bislang niemand gestört hat. Der CDU wird Verschwörung vorgeworfen, der SPD politisch motivierte Schriftgrößen. Am Ende der Paukenschlag: Die Wahlleiterin erklärt wie ihr Vorgänger ihr Scheitern und ihren Rücktritt. »Es sind Fehler im Verfahren passiert. Dafür trage ich nicht die Schuld, aber die Verantwortung.« Roters benennt die Stadtkämmerin Gabriele Klug (Grüne) als neue Wahlleiterin.

Typisch Köln?!

Seit Jahren haben die Ämter mit der Gestaltung von Stimmzetteln gegen amtliche Vorgaben verstoßen. Beim dritten Mal, sagt man in Köln, ist es dann schon Tradition. Die Stimmzettel zeigten die Parteien regelmäßig groß und die Kandidatennamen klein. Bisher hatte es niemanden gestört. Allerdings gab es 2015 noch einmal weniger vom Kandidatennamen zu sehen, dafür noch mehr Partei. Eine Frage wurde interessanterweise bis heute nicht zufriedenstellend beantwortet: Wer hatte das neuerliche Wachstum der nicht vorschriftsmäßigen Schriftgrößen denn nun eigentlich veranlasst? War eine politische Absicht damit verbunden? Sollten unabhängige, parteilose Kandidaten weniger ins Auge fallen als parteizugehörige?

Die Stimmzettel-Persiflagen op Kölsch in einer Zeitung wirkten wie ein verzweifelter Versuch, dem Wahldesaster doch noch eine humorvolle Seite abzugewinnen. Das Blatt listete auf, wem die Kölner/innen denn sonst noch so ihre Stimme geben könnten: dem Kardinal, Tünnes und Schäl, dem Freikölsch für eine Amtszeit oder einem Büttenredner und vielen anderen mehr. Twitter und Facebook trieben parallel minütlich neue Scherze an die Oberfläche, darunter die Wahlverlegung auf den Karnevalsbeginn 11.11.2015. Der NRW-Grünen-Chef Sven Lehmann präsentierte in den sozialen Medien gar einen neuen Wahlzettel. Zu sehen war darauf in erster Linie die SPD, die nahm allerdings gleich die halbe Seite des Stimmzettels ein. Bernd

Petelkau sagte es so: »Köln ist das Narrenhaus der Nation!«

Das bundesweite Presseecho war beachtlich: die nächsten Negativschlagzeilen nach der fragwürdigen Aufklärung des NSU-Anschlags in der Keupstraße, dem Einsturz des Stadtarchivs beim U-Bahnbau, der langwierigen Opernsanierung, der millionenteuren Freitreppe zum Rhein ohne vernünftige Betonversiegelung und den Hogesa-Krawallen am Hauptbahnhof, deren die Polizei kaum Herr wurde.

Spiegel Online schrieb: »Buchstaben-Ärger bei OB-Wahl«

Handelsblatt: »Das Kölner Wahl-Chaos ist perfekt. In Köln überstrahlt die Partei alles.«

RP Online: »Seit der Landtagswahl 2010 ist dies die dritte schwere Wahlpanne in Köln.«

Welt Online: »Wahlzettel-Chaos kurz vor der Oberbürgermeister-Wahl. Die FDP vermutet eine weitere Manipulation der SPD-geführten Stadtverwaltung zugunsten des SPD-Bewerbers.«

Westfälischer Anzeiger: »Die Stadtverwaltung Köln hat kein Glück mit Kommunalwahlen.«

Express: »Briefwahl ungültig – das Chaos ist perfekt!«

taz: »Köln verwählt sich schon wieder.«

Stuttgarter Nachrichten: »Internationale Wahlbeobachter für einen Urnengang in der Domstadt?«

4. September 2015

Wen würden Sie wählen, wenn am nächsten Sonntag Oberbürgermeisterwahl wäre? Der WDR veröffentlicht die Ergebnisse seiner repräsentativen Umfrage durch Infratest dimap: »In Köln würde die parteilose Henriette Reker im Moment mit 51 Prozent die absolute Mehrheit erreichen und hätte damit Chancen, bereits im ersten Wahlgang Oberbürgermeisterin der größten Stadt in NRW zu werden. Ihr SPD-Gegenkandidat, Jochen Ott, käme auf 36 Prozent der Stimmen.«

Das Stimmzetteldebakel und die Wahlverschiebung hatten keinen Einfluss auf die Ergebnisse – Erhebungszeitraum: 27. August bis 2. September 2015.

17. Oktober 2015

Einen Tag vor der Oberbürgermeisterwahl wird Henriette Reker lebensgefährlich verletzt. Reker überlebt das Attentat nach einer Notoperation im Universitätsklinikum Köln. Findet die Oberbürgermeisterwahl wie geplant am nächsten Tag statt?

18. Oktober 2015

Henriette Reker liegt im künstlichen Koma auf der Intensivstation der Universitätsklinik. Währenddessen sind die Kölnerinnen und Kölner aufgerufen, ein neues Stadtoberhaupt zu wählen.

Wenige Stunden nach dem Attentat am Vortag gab die neue Wahlleiterin (Grüne) bekannt, dass die Wahl wie geplant stattfinde. Ein Grund für eine Verschiebung der Wahl wäre der Tod eines Kandidaten gewesen, so schreibt es die Kommunalwahlordnung vor. Sie appelliert, nach dem Attentat auf jeden Fall wählen zu gehen.

Seit der Veröffentlichung der WDR-Umfrage gilt Reker als Favoritin. Nachdem der Polizeipräsident auf einer Pressekonferenz am Samstagnachmittag nach dem Attentat bekannt gegeben hatte, Reker habe ernsthafte Verletzungen im Halsbereich erlitten – »aktuell ist sie stabil, aber nicht über den Berg« –, finden in den sozialen Medien allerdings Diskussionen darüber statt, ob Reker »überhaupt noch wählbar«, sie dem Amt »gesundheitlich gewachsen« sei und ob sie »überhaupt noch Oberbürgermeisterin werden will«. Ein Professor der Uniklinik gibt Entwarnung: »Wir halten zum jetzigen Stand und bei normalem Verlauf die vollständige Wiederherstellung der Gesundheit von Frau Reker für wahrscheinlich.«

Gegen 19 Uhr am Sonntag ist klar: Henriette Reker setzt sich gleich im ersten Wahlgang gegen fünf weitere Bewerber und eine Bewerberin durch und erreicht mit 52,7 Prozent die absolute Mehrheit. Der SPD-Kandidat kommt auf 32,0 Prozent, die Ergebnisse der WDR-Umfrage bewahrheiten sich mit leichten Abweichungen. Reker liegt währenddessen noch immer im künstlichen Koma. Wird sie die Wahl annehmen?

Eine halbe Stunde später gesteht der SPD-Kandidat seine Niederlage ein. Er wünscht Reker und allen Verletzten des Attentats baldige Genesung und reicht ihr »zur Zusammenarbeit mit der stärksten Kraft im Stadtrat die Hand«. – »Ehrlich gesagt mache ich mir die meisten Sorgen darum, dass ich am Samstag genauso hätte betroffen sein können. Ich und meine Unterstützer. Wir müssen als Demokraten verhindern, dass so eine sinnlose rechte Gewalt um sich greift«, resümiert er in einem Interview und löst Unverständnis aus. Sein Genosse, der bis zum nächsten Tag amtierende Oberbürgermeister Roters, erhält zum Abschied noch einen Hieb: »Wir haben ein Machtvakuum, was der ehemalige Oberbürgermeister zu verantworten hat. In dieser Situation ist es ent-

standen, dass fünf Parteien sich gegen uns zusammenge-
schlossen haben.«

In den folgenden Tagen wird sich ein bisher stiller Akteur
zu Wort melden – das Team Reker mahnt zur Entschleunigung der politischen Verhandlungen: »Es ist bekannt, dass
es aktuell zwischen Parteien im Stadtrat Gespräche zur weiteren Zusammenarbeit gibt. Vor diesem Hintergrund fordern wir, das klare Wählervotum für Henriette Reker zu
respektieren und sie als zukünftiges Stadtoberhaupt an
allen wichtigen Entscheidungsprozessen zu beteiligen. Sie
darf durch laufende Gespräche der Parteien nicht vor vollendete Tatsachen gestellt werden. Praktisch bedeutet das,
den Genesungsprozess von Reker abzuwarten, bis sie sich
persönlich an den politischen Weichenstellungen beteiligen
kann.«

CDU, Grüne und FDP begrüßen die Initiative, »Gespräche« werden dennoch von fast allen im Stadtrat vertretenen
Parteien in allen nur denkbaren Konstellationen geführt.

22. Oktober 2015
Henriette Reker hat ihr Amt angenommen. Im Krankenbett
der Universitätsklinik erfolgt um 12:10 Uhr die rechtskräf-
tige Annahmeerklärung per Unterschrift. Damit hat sie an
diesem Tag offiziell die Nachfolge ihres Vorgängers angetreten. Bis zur Genesung und zu ihrem Amtsantritt wird Oberbürgermeisterin Reker von Stadtdirektor Guido Kahlen
(SPD) und der Bürgermeisterin Elfi Scho-Antwerpes (SPD)
vertreten.

In einem offenen Brief bedankt sich Reker am 6. November bei allen Unterstützer/innen am Tatort, wünscht allen
Verletzten gute Genesung und kündigt an, ihr Amt anzutreten, sobald es ihr gesundheitlich möglich sei. Rund vier

Wochen nach dem Attentat nimmt Reker am 20. November ihre Arbeit im Rathaus auf.

Dezember 2015
Wie formieren sich die Machtverhältnisse nach der Wahl im Stadtrat? Rot-Grün hat seine Mehrheit durch die Neuauszählung eines Briefwahlbezirks und den Verlust der Stimme des SPD-Oberbürgermeisters verloren.

Die Grünen wollen mit der SPD kooperieren, sondieren jedoch gleichzeitig mit der CDU. Eine dauerhafte Zusammenarbeit mit der FDP schließen sie aus. Die SPD will exklusive Verhandlungen mit den Grünen, verhandelt laut CDU aber bereits mit den Christdemokraten. Die Grünen glauben, die SPD will mit der CDU eine Große Koalition eingehen; die SPD glaubt, die Grünen wollen mit der CDU oder womöglich mit CDU und FDP kooperieren oder koalieren. Die CDU erklärt sich für nach allen Seiten offen. Solange die Grünen parallele Gespräche mit der CDU führen, will die SPD nicht mit ihnen verhandeln. Die Grünen zeigen sich hiervon überrascht und starten kurzerhand eine Kooperationsoffensive mit der CDU. Die Zeichen im Stadtrat stehen auf Schwarz-Grün.

07.12. – Nach der Phase der Entschleunigung beschließen die Grünen auf ihrem Parteitag sofortige Verhandlungen mit der SPD und der CDU, um ein rot-grünes oder schwarz-grünes Gestaltungsbündnis im Stadtrat zu bilden. Erklärtes Ziel: Verhinderung einer Großen Koalition zwischen SPD und CDU. »In einer Großen Koalition gibt es keine Stimme für den Klimaschutz, keine Stimme für eine nachhaltige Mobilität. Vieles, was für eine moderne wachsende Metropole richtig ist, würde auf der Strecke blei-

137

ben«, betonen sie und weiter: »Das rot-grüne oder schwarz-grüne Minderheitenbündnis muss sich dann jeweils bei den einzelnen Projekten weitere Partner suchen.«

09.12. – Die SPD reagiert öffentlich und »bekräftigt ihre Absicht und Bereitschaft zur Bildung stabiler und berechenbarer Mehrheiten im Rat der Stadt Köln. [...] Stabile Mehrheiten sind seit der Kommunalwahl 2014 nicht zustande gekommen, obwohl SPD und Grüne seit der Wahl über ein Bündnis verhandelt und im Juni 2015 sogar die Piraten im Rat als Unterstützer gewonnen haben. Die KölnSPD nimmt zur Kenntnis, dass die Grünen seit der Wahl der neuen Oberbürgermeisterin von der schriftlich getroffenen Vereinbarung mit den Piraten nichts mehr wissen wollen und nur ein Minderheitenbündnis anstreben. [...] Interessant ist der Beschluss der Mitgliederversammlung der Grünen, die Verhandlungen mit der SPD nicht mehr unter den bisherigen exklusiven Bedingungen fortsetzen zu wollen, sondern – auf Grundlage haltloser Behauptungen – zeitgleich auch Sondierungsgespräche mit der CDU anzustreben. Wer während laufender Koalitionsverhandlungen mit einem langjährigen Partner zeitgleich mit einem politischen Wettbewerber eine Verbindung verhandeln will, lässt erhebliche Zweifel an der Ernsthaftigkeit seiner Absichten aufkommen. Die SPD ist zur Übernahme von Verantwortung für unsere Stadt bereit, steht aber für parallele Verhandlungen nicht zur Verfügung.«

09.12. – Die Grünen antworten: »Mit Bedauern stellen wir fest, dass die SPD einseitig die Bündnisverhandlungen abbricht, weil sie das von den Grünen vorgeschlagene Gestaltungsbündnis im Kölner Rat ohne eigene Mehrheit ablehnt. Offenbar hat die SPD noch nicht realisiert, dass der Verlust von zwei SPD-Stimmen gar keine Koalition mehr zulässt. Rot-Grün plus die inhaltsleere Tolerierungs-offerte der Piraten ist genau das Gegenteil der von der SPD geforderten Stabilität und Verlässlichkeit. Wir sind jeden-falls gegenüber der SPD weiterhin verhandlungsbereit, wie wir nun auch Sondierungen mit der CDU führen. Ein sol-ches Gestaltungsbündnis, das sich jeweils bei einzelnen Projekten sachorientiert weitere Partner suchen muss, hat viele Vorteile, denn es bietet die nötige Balance zwischen Stabilität und Flexibilität, was den großen Herausforde-rungen gerecht wird, vor denen wir in der wachsenden Metropole Köln stehen. Außerdem werben wir Grüne für einen Politikstil, der bei wichtigen Vorhaben den Aus-tausch sachlicher Argumente in den Vordergrund stellt und damit allen demokratischen Kräften im Rat die Chance bietet, sich mit einzubringen. Aber offenbar hat sich die SPD bereits längst auf eine Große Koalition fest-gelegt. Ihre weitere Ausstiegsbegründung, dass die Grü-nen beschlossen haben, mit der CDU zu sondieren, ist bloß eine billige Ausrede, um die Öffentlichkeit von ihren bereits mit der CDU geführten Verhandlungen abzulen-ken.«

10.12. – Auf einem kleinen Parteitag beschließen die Grü-nen alleinige Verhandlungen mit der CDU über die Bil-dung eines Gestaltungsbündnisses. »Wir konnten im Son-dierungsgespräch mit der CDU bei vielen inhaltlichen Punkten große Übereinstimmung feststellen – vor allem bei den uns wichtigen Themen Klimaschutz und Verbesserung des Fußgänger-, Rad- und öffentlichen Nahverkehrs sehen wir große Chancen, gemeinsam mit der CDU unsere grünen Ziele zu erreichen.«

Der Parteitag der CDU beschließt am selben Abend ebenfalls, alleinige Verhandlungen mit den Grünen zu führen.

11.12. – Die SPD »nimmt die Entscheidung zur Neuauflage einer schwarz-grünen Minderheiten-Koalition nicht überrascht zur Kenntnis. Damit endet das intransparente Versteckspiel, das bereits mit der Nominierung der gemeinsamen Oberbürgermeisterkandidatin begann. Die mit dem Anspruch der Überparteilichkeit angetretene Oberbürgermeisterin bekommt jetzt ihre Parteien-Wunschkonstellation. […] Die schwarz-grüne Minderheiten-Koalition muss nun beweisen, wie sie das Motto der neuen Partner ›Sachpolitik statt Machtpolitik‹ in der Praxis umsetzt. Die großen Herausforderungen der Stadt erfordern Kraft und beherztes Handeln. Schwarz-Grün wird sich daran messen lassen müssen.«

CDU und Grüne wollen auf ihren Parteitagen im März 2016 einen Kooperationsvertrag beschließen. Als stärkste Ratsfraktion wäre die SPD zukünftig in der Opposition.

15. Dezember 2015

Als erste Frau an der Spitze einer Millionenstadt legt Henriette Reker ihren Eid als Oberbürgermeisterin ab. »Vor Ihnen steht die dankbarste und glücklichste Oberbürgermeisterin Deutschlands!«, teilt sie den Stadtratspolitiker/innen mit.

31. Dezember 2015

Jochen Ott zieht in einem Interview mit einer Kölner Tageszeitung Bilanz: »Die fünf Parteien, die Henriette Reker unterstützt haben, haben bei der Kommunalwahl 54,7 Prozent der Stimmen erzielt. Die SPD hatte als stärkste Kraft 29,39 Prozent. Reker hat am Ende das Ergebnis der Kommunalwahl unterboten [wenn man die Ergebnisse von CDU, Grünen und FDP summiert], ich habe das Ergebnis der SPD mit 32,02 Prozent überboten.«

Von der Kandidatin
zur Wahlkämpferin

Wenn man das Büro von Henriette Reker im Gründerzentrum Solution Space besuchte, fielen einem sofort Schilder ins Auge, die an der Tür und an der Wand hingen, mit der Aufschrift »Wahlbüro«. Ein Irrtum? Das ist doch der Ort, an dem man bei einer politischen Wahl seine Stimme abgibt. Hätte es nicht »Wahlkampfbüro« heißen müssen? Auf Nachfrage erfuhr der Gast, dass es sich dabei nicht um einen Fehler handele, sondern dass damit eine Haltung ausgedrückt werden sollte.

»Wahl*kampf*«, dieser üblicherweise verwendete Begriff gefiel Henriette Reker überhaupt nicht. Sie verstand sich als Bewerberin um ein Amt. Und die anderen als Mitbewerber/innen und nicht als Gegner oder Feinde. Sie wollte keinen »Kampf« führen, sondern einen Wettbewerb um Argumente veranstalten. Keinen Streit, sondern Diskussion und Dialog. Keinen Kampf der Parteien, sondern eine Konkurrenz der Ideen.

»Es wird kein Wahlkampf im üblichen Sinne werden.« Was für eine Untertreibung. Sie betonte: »Ich werde Kritik nicht an Personen festmachen. Weder an Vertretern der Verwaltung noch am Mitbewerber. Das wollen die Leute auch nicht mehr hören. Ich werde mich nicht streiten. Ich werde einfach ein anderes Angebot machen. Mein Angebot wird Ideen und Vorschläge aus der Stadtgesellschaft aufnehmen, ich werde sie prüfen, und wir werden darüber reden. Egal, wer als Mitbewerber antritt, das ändert ja nichts an mir und meinen Zielen. Ich bin ja kein Chamäleon.«

Diese Haltung sollte ihr Büro widerspiegeln. Allein schon durch die Auswahl der Mitarbeiter, die aus fast allen sie unterstützenden Parteien stammten und einen harmonischen Umgangston voller Respekt und Wertschätzung entwickeln sollten, um gemeinsam wirksam zu sein. Trennendes galt es zu überwinden, Gemeinsamkeiten zu finden und die Chance in der Unterschiedlichkeit der politischen Welten, des Geschlechts, der sexuellen Orientierung und des Alters zu entdecken und zu nutzen. Vielfalt als Erfolgsrezept. Weit weg von Streit, Aggressionen und Verletzungen strebte sie zudem einen fairen Umgang mit den Mitteln des gepflegten Gesprächs an: Austausch durch Zuhören, Nachdenken, Abwägen und Überzeugen.

Manchmal war es allerdings nötig, den Ton etwas zu verändern. Gerade was den Kandidaten der SPD anging. Es gab Momente der Provokation, da erschien es wichtig und richtig, durch eine härtere, aber gleichzeitig humorvolle Ansage klarzumachen, dass Henriette Reker durchaus auch die Boxhandschuhe herausholen kann. Sie könnte, wenn sie wollte, war die klare Botschaft. Aber es ist nicht ihr bevorzugter Stil und ihr Verständnis von einem Umgang erwachsener Menschen.

Henriette Reker machte von Anfang deutlich, dass sie kein Politikprofi ist. Jeder hatte das gehört und zur Kenntnis genommen. Sie war eine Juristin, die seit Jahren erfolgreich als Dezernentin arbeitete. Und immer schon parteilos. Das war kein Zufall. Es war ein Konzept. Parteipolitik war ihre Sache nicht. Ist es auch nie gewesen. Immer war sie vonseiten der Politik gebeten worden, Ämter anzunehmen. Sie hatte sich nie beworben. Sie hatte in Gelsenkirchen unter einem CDU-Bürgermeister gearbeitet, dann kam die SPD an die Macht, und sie blieb. Auf Einladung und Vorschlag der Grünen kam sie nach Köln. Sie bekam nie einen Posten, weil sie das richtige Parteibuch hatte; ihr Know-how, ihre Art der Führung und ihre Persönlichkeit wirkten über die Partei-grenzen hinweg. So ist auch das einzigartige Unterstützer-bündnis in Köln zur Oberbürgermeisterwahl zu erklären.

Wie viel CDU, Grüne, FDP, Deine Freunde und Freie Wähler stecken in Henriette Reker? Sie verkörpert ein streit-bares, über den Parteien schwebendes »Konsensmodell« mit einem eigenen Kopf und einer eigenen Agenda, aber nicht dem »kleinsten gemeinsamen Nenner«, wie der SPD-Kandi-dat behauptete. Sie ist in der Sache unterwegs und nicht auf-grund eines mit einem Parteibuch einhergehenden Machtan-spruchs. Sie ist eine Steuerfrau und kein »Phantom der Beliebigkeit«.

So weit die Einschätzung im Team Reker. Aber wie konnte man das vermitteln? War Köln schon so weit, diese Unab-hängigkeit als Chance zu sehen und nicht als Schwäche? Als positives Alleinstellungsmerkmal? Eine Person, eine Frau dazu, ohne Hausmacht im Rathaus? Geht das denn über-haupt? Es ging ihr darum, den Kölner/innen das Vertrauen in ihre Stadt zurückzugeben. »Ich werbe um ihr Vertrauen«, konnte Köln auf den Wahlplakaten von Henriette Reker lesen. »Köln den Kölnerinnen und Kölnern« war eine zentrale Aus-sage. Da Reker kein Politprofi war, verließ sie sich bei der Entwicklung der Wahlkampagne anfangs zu sehr auf die Kompetenz der Profis aus den unterstützenden Parteien. Schnell merkte sie jedoch, dass sie aufpassen musste, nicht die Kontrolle zu verlieren.

Einmal sagte Reker scherzhaft: »Wenn ich die Wahl

gewinne, dann nicht wegen der Unterstützerparteien, sondern trotz der Unterstützerparteien.« Doch der Scherz hatte einen realen Hintergrund: Es war nicht so einfach, mit Parteien eine Wahlkampagne zu organisieren, die jeweils noch ihren eigenen Wahlkampf mit je unterschiedlichen Schwerpunkten führten. »Jede Partei hat einen eigenständigen Wahlkampf geführt, und ich habe auch noch einen eigenen Wahlkampf geführt. Wenn man einen gemeinsamen Wahlkampf hätte führen wollen, dann hätte man sich ja vorher zu einem Bündnis zusammenschließen müssen, aber es war kein Bündnis. Es gab eine gemeinsame Kandidatin, aber kein Bündnis.«

Bei dieser Persönlichkeitswahl konnte man nicht einfach annehmen, dass sich die Kommunalwahlergebnisse der unterstützenden Parteien und Wählergruppen addieren würden. Auch die Wahlkampfetats der Unterstützerparteien zusammenzuwerfen und allein für den Wahlkampf von Reker zu verwenden war nicht die Lösung. »Wenn man nur über Geld sprechen würde, wäre das so, aber wir sprechen hier nicht über Geld, sondern wir sprechen über Human Resources. Man brauchte hier viele, viele Menschen, die Wahlkampf machen. Nicht nur Geld. Wahrscheinlich ist der menschliche Anteil da viel höher zu bewerten als die Sachwerte. Die Menschen, die überall davon sprechen, Wahlkampfstände betreuen und, das ist ja das große Glück im Grunde, sich Wochenende um Wochenende dafür einsetzen, Wahlkampf zu machen. Das sind die eigentlichen Sieger/innen.«

Plötzlich ging es um Porträts, Wahlplakate, Motive und Slogans. Henriette Reker sollte zum »Produkt« werden. Ihr ging es um eine Persönlichkeitswahl. Doch Persönlichkeit schien in Wahrheit nicht in erster Linie gefragt.

Reker meint heute: »Die Plakate haben die Menschen darauf aufmerksam gemacht, dass man nicht nur den SPD-Kandidaten wählen kann, sondern dass es wirklich eine Wahl gibt. Ich glaube, diese Mühe, die wir uns gegeben haben mit den ganzen Slogans – wir haben uns ja unendlich viel Mühe gegeben … Ich hatte ja noch nie Wahlkampf gemacht, ich hatte keine Ahnung, wie das geht. ›Reker für Köln‹ hätte aus heutiger Sicht ausgereicht. Diese verkürzten Plakatbotschaften, zum Beispiel ›Vom Straßenfest bis zur Opernpremiere‹, jetzt sehen wir, was wir davon haben. Es gibt keine Opernpremiere. Können wir für den nächsten Wahlkampf wieder benutzen. Was haben wir uns für eine Mühe gegeben. Was habe ich mir für eine Mühe gegeben. Was war das für ein schwieriger Tag, dieses erste Fotoshooting. Ich glaube, um solche Sachen muss man sich insgesamt weniger Gedanken machen, aber das ist meine Beurteilung. Sicher, der Name Reker war nicht bekannt, und ›Reker für Köln‹ ist auch noch kein Programm. Aber mit den Plakaten wird auch kein Programm transportiert. Wir haben mit unseren Plakaten eines transportieren wollen, weil wir Themen setzen wollten, aber ich glaube, das ist nicht das richtige Vorgehen. Es geht darum, sich bekannt zu machen und das Vertrauen der Menschen zu gewinnen. Veranstaltungen, Kontakt, die Begegnung von Mensch zu Mensch. Oder über andere Menschen, die gute Erfahrungen gemacht haben, die es dann weitererzählen. Man muss sie nicht selber kennen. Ich kenne ja nicht alle 169 000 Wähler/innen persönlich.«

»Alles wie immer«, schien es dagegen für ihre Unterstützerparteien im Wahlkampf zu heißen. Jede unterstützende Partei hat ihre Stammwählerschaft. Die galt es zu mobilisieren. »Ich habe die Zusammenarbeit als gut erlebt, viel besser, als ich dachte. Die war konstruktiv, was die Gemeinsamkeiten anging. Und sie war in den Besprechungen von einem großen Vertrauen zu mir bestimmt. An den Besprechungen zwischen den Parteien habe ich ja nicht teilgenommen. Konnte ich auch gar nicht. Ich habe einen Vertrauensvorsprung bekommen, den bekommt man sonst nicht so schnell«, erinnert sich Reker.

Es braucht vielleicht eine unabhängige Person, um die ungewöhnliche Zusammenarbeit zwischen Parteien zu steuern, die sich sonst auch ideologisch bekämpfen. Reker glaubt: »Nicht, weil das jemand nicht könnte, der in einer Partei verhaftet ist, sondern weil er vielleicht diesen Vertrauensvorsprung gar nicht bekäme. Es ist jetzt keine Sache des Könnens, sondern des Zutrauens.«

Henriette Reker wurde als Politiklaie mit der gut gemeinten Besserwisserei der Politikprofis und ihrer Helfershelfer überschüttet. Jeder hatte eine gute Idee, gab ungefragt Feedback zu öffentlichen Auftritten. Es galt, einen eigenen Kompass der Qualität zu entwickeln. Einen eigenen Stil zu etablieren. Eigene Stärken zu erkennen und diese Stärken zu stärken. Schwächen durchaus ernst zu nehmen und besser zu werden, aber sich nicht zu sehr darauf zu konzentrieren. Es galt der einfache Satz: Aus Schwächen kann man höchstens Mittelmaß entwickeln. Die Konzentration auf die Stärken ebnet den Weg zur Exzellenz!

Eines der größten Talente von Henriette Reker ist der direkte Dialog mit den Menschen. Im Kontakt mit den Bürger/innen entwickelt sie Nähe und Humor. »Wer sich interessiert, ist interessant«, lautete einer der wichtigsten Schlüsselbegriffe des Teams Reker. Und: »Sagen, was ist!« Die Türöffner für viele Konzepte und Ideen. Die positive Energie im direkten Kontakt galt es nun auch auf die große Bühne zu bringen. Neben dem Dialog von Mensch zu Mensch ging es nun auch um den Dialog mit einem Publikum im Saal. Mit den Gästen einer Podiumsdiskussion. Mit den Medien, sei es vor der Kamera oder gegenüber Medienvertreter/innen. Authentizität in Wort und Bild. Klarheit in der Rolle und ein kongruentes Selbstverständnis waren entscheidend.

Es gab immer wieder Ratschläge, sie müsse mehr auf das Frauenthema setzen, sie müsse ihre Erscheinung »weiblicher« gestalten und zum Beispiel häufiger Kleider und Schals tragen. Sie entschied sich anders. Selbstbewusstsein ist das beste Argument. Intelligenz, Humor und Charme. Und ein Lächeln ist ein schönes Accessoire.

Das Thema Frau hat das Team Reker dann fast gar nicht angesprochen. Es war ja offensichtlich, Henriette Reker ist eine Frau. Einzig die Entscheidung, überall und durchgängig von der »Oberbürgermeister*innen*wahl« zu sprechen, zollte dem Thema Tribut. Das war der Versuch, den bisher nicht gängigen Begriff in die Köpfe zu bringen und so der »Oberbürgermeisterwahl«, also der männlichen Variante, entgegenzusetzen. Das ist gelungen. Aber das Thema Frau wollte das Team Reker ansonsten nicht herausstellen. Reker am wenigsten.

Nur, die Erwartungen, die Wähler/innen an eine Frau stellen, die mussten wir überprüfen. Wie viel Raum kann eine Frau sich nehmen, ohne seltsam zu wirken? Wie sachlich kann eine Frau argumentieren, ohne unnahbar zu wirken? Wie emotional kann eine Frau werden, ohne als zu weich, zu sensibel und als zu schwierig und kompliziert zu erscheinen? Wie schlagfertig kann eine Frau sein, ohne unangenehm zu sein? Wie hart kann eine Frau austeilen, ohne dass es heißt, sie sei zickig und aggressiv? Da gelten leider noch immer andere Gesetze als für einen Mann.

Storytelling bei einer Frau, also Argumente mit persönlichen Geschichten zu verkaufen, kommt nicht immer gut an.

Das wirkt schnell zu geschwätzig und lässt Inkompetenz vermuten. Bei Männern gilt es als Allzweckwaffe und Erfolgsgeheimnis. Dadurch wirken sie nicht mehr nur wie Fakten- und Phrasendrescher, sondern beinahe menschlich. Beides entsprach aber nicht Henriette Reker. Wenn, dann betrieb sie Storytelling aus dem Moment heraus. Selten und dafür umso wirksamer. Stimmig und assoziativ und der Lebenserfahrung geschuldet.

»Kontakt« war das Schlüsselwort. Neugierig und nahbar. Clever, schlagfertig und souverän. Kompetent, humorvoll und direkt. Mit dem Mut zur Lücke. Man kann durchaus mal zugeben, dass man sich in einem bestimmten Bereich gerade nicht genug auskennt, um ein seriöses Statement abzugeben. Auch das wirkt kompetent und vor allem glaubwürdig, weil niemand auf allen Gebieten Expertin sein kann. Man kann sich auch entscheiden, auf falsche Versprechungen zu verzichten, die einen nur für den Moment gut aussehen lassen. Man kann sich auch darauf verständigen, unangenehme Wahrheiten zu formulieren, wenn man sie begründen kann. Und ein Thema zur Chefinnensache zu erklären schien Reker nur im Einzelfall angeraten, um dessen Bedeutung zu unterstreichen – nicht aber als Allheilmittel. Alles zur Chefsache zu erklären – wie es ihr Mitbewerber von der SPD tat – erweckt eher den Eindruck von Selbstüberschätzung und Kontrollsucht.

Das Team Reker versuchte, einen Weg zu finden, der möglichst weit weg von Phrasendrescherei und Wiederholungsschleifen verlief. Natürlich ging das nicht immer auf. So ehrlich kann man sein. Die inhaltlichen Module waren mit der Zeit gesetzt und mit wachsender Routine ausformuliert. Trotzdem waren es ja die Überzeugungen der Kandidatin, die in der Öffentlichkeit formuliert wurden. Haltungen, die auch durch eine Wiederholung kaum an Lebendigkeit verloren. Persönliche Einstellungen haben kein Verfallsdatum.

Irgendwann, vielleicht nach der Hälfte der rund vierzig Podiumsdiskussionen mit Jochen Ott, war die Erkenntnis herangereift: »Es ging dem Herausforderer gar nicht um einen ehrlichen Dialog und um einen wirklichen Austausch der Argumente. Es ging dem Mitbewerber in Wahrheit um das Abliefern von vorformulierten Statements in Endlosschleife«, befand Reker. Eine ernüchternde Erkenntnis. Danach gab es von Reker nicht mehr viele Versuche, dem Gegenüber auf dem Podium Gesprächsangebote zu machen. Nun ging es auch Reker um das Versenden von Kernbotschaften. Als der Wahlkampf aufgrund der nicht ordnungsgemäßen Stimmzettel kurzfristig um fünf Wochen verlängert wurde, traf das »Wahlbüro« die Entscheidung, sich an solchen unergiebigen Podiumsdiskussionen nicht mehr zu beteiligen und stattdessen eigene Veranstaltungen zu organisieren. Nach der Verschiebung der Wahl kündigte Reker an: »Keine direkten Rededuelle mehr mit dem SPD-Mitbewerber für den Wahl-Endspurt. Vollkontakt mit dem Wähler ist angesagt.« Der Konkurrent geriet in Wallung deswegen.

Stadtgespräche wurden angesetzt, um den Dialog mit den Bürger/innen in diversen Stadtvierteln zu führen, dazu Veranstaltungen mit Spitzenpolitiker/innen der unterstützenden Parteien. Das Gespräch über die Medien wurde intensiviert, unter anderem mit dem Onlineformat »#fraghenriette« auf Twitter. Daraus wiederum entstanden Formate wie »#fraghenriette live«, auf dem roten Sofa, und »Henriette im Gespräch« – zum Beispiel zum Thema »Was geschieht nach der Flüchtlingsunterbringung?«. Das war ein sehr gut besuchter Talk mit Betroffenen und Prominenten im Stadtgarten, den Reker moderierte. Das Feedback war enorm.

Ein Wendepunkt für ihre Rollenfindung war es sicherlich, als Reker sich im Konflikt über die Auswahl der Fotos für die Wahlplakate durchsetzte. Die erste Tranche der Plakatmotive war noch im Vertrauen auf die Professionalität der beauftragten Agentur verabschiedet worden. Mit einem Bauchgrimmen. Henriette Reker sah, wie sie es selbst einmal formulierte, auf den Plakaten aus »wie eine jüngere Schwester, die ich nicht habe«. Die neuen Fotos für die Folgeplakate sollten sie endlich so zeigen, wie sie sich selbst sah. Eine Frau von 58 Jahren – mit Falten. Keine Retusche und kein Photoshop. Kein Schal. Kein Chichi.

Authentizität lautete das Credo. Und endlich hatte sie sich durchgesetzt gegen die Politprofis. Ein langwieriger Weg mit einem immensen Energieverschleiß war zu einem zufriedenstellenden Ende gekommen. Als Reker die ersten Andrucke in die Hand bekam, war die Erleichterung zu spüren. Sowie eine Art innerer Ruck. So wollte sie sich in den letzten Wochen der Konkurrenz der Mitbewerber stellen.

Aus dem »Wahlbüro« war dann doch noch ein »Wahlkampfbüro« geworden. Henriette Reker nahm den Wettbewerb um den Oberbürgermeisterposten noch entschlossener an. Das war knapp zwei Wochen vor dem ursprünglichen Wahltermin am 13. September 2015. Die Wandlung ging einher mit der Erfahrung, dass der Gegenkandidat letztendlich auch nur mit Wasser kochte. Sie hatte die Erfahrung gemacht, sich während einer Podiumsdiskussion in eine Art Vogelperspektive begeben zu können. Von dort schaute sie ihrem Widersacher amüsiert und in aller Seelenruhe zu, wie er um Form, Fassung und Inhalte rang. Angestrengt, bemüht locker und schwitzend. Aus dieser Perspektive konnte sie seine Argumente entspannt widerlegen, ohne emotional besonders involviert zu sein.

Als Ott einwarf, dass sie für ihren »neuen Politikstil« erst einmal Mehrheiten organisieren müsse, konterte sie mit Leichtigkeit: Er müsse sich doch genauso Mehrheiten suchen. Oder habe er etwa vergessen, dass die SPD einen Sitz, und zwar den seinen, aufgrund der Neuauszählung der Wählerstimmen in Rodenkirchen zur Kommunalwahl 2014 und damit die rot-grüne Mehrheit im Rat verloren habe? Der ungläubige Blick ihres Mitbewerbers und der Wechsel seiner Gesichtsfarbe wirkten wie ein Wellnesserlebnis. Treffer. Versenkt.

Die Kombination beider Erfahrungen an einem Tag erwies sich als Glücksfall und wichtiger Energieschub. Der »Wind of change« wehte noch kräftiger. Jetzt oder nie, so schien die neue Devise zu lauten. Oder, um es mit den Höhnern, einer Kölner Band, zu sagen: »Wenn nicht jetzt, wann dann?«

Unser Umgang
mit den Flüchtlingen – Henriette Reker
über das Thema des Moments

»Ausländerfeindliche Sprüche konnte ich nie gut ertragen. Jetzt merke ich an mir selber, dass ich mittlerweile geradezu allergisch darauf reagiere, auch auf diejenigen, die sie unter dem Deckmäntelchen der Sorge um die lieben Mitbürgerinnen und Mitbürger äußern. Als ob sie durch unsere Hilfestellung gegenüber Menschen auf der Flucht irgendwie Einbußen erleiden müssten oder in ihrer Lebensführung eingeschränkt würden. Einige wollen sich damit nur beliebt machen, letztlich nur Wählerstimmen sammeln. Das finde ich absolut indiskutabel. Da sind ja manchmal Stimmen aus Bayern, die hier herüberhallen. Ich finde auch, dass der deutsche Bundesfinanzminister mit der Bezeichnung ›Lawine‹ völlig danebengegriffen hat. Herta Müller, die Literaturnobelpreisträgerin, hat gesagt, und das hat mich tief beeindruckt, die Flucht sei in jeder Einzelheit defensiv, und deswegen sei es völlig abstrus, Begriffe wie ›Lawine‹ oder ›Flut‹ zu wählen. Die Begriffe suggerieren etwas anderes als das, was da stattfindet.

Meine Mutter war auch vertrieben worden und strandete 1945 in Köln. Obwohl sie mit einem Urkölschen verheiratet war, wurde sie als ›Pimmok‹ [abwertend für Zuwanderer aus dem Osten] wahrgenommen. Sie sagt, die Kölner hätten immer davon gesprochen, ›die kütt von dahinge irgendwoher‹. Meine Mutter erinnert mich immer wieder daran, dass keiner seine Heimat aus Jux und Dollerei verlässt.

Es ist ein ganz großer Unterschied, ob man sein Land freiwillig verlässt wie mein Mann, der jederzeit die Möglichkeit hat, nach Australien zurückzukehren. Oder ob man seine Heimat verlassen muss, weil die Situation von Krieg geprägt ist, von Menschenrechtsverletzungen, von Chancenlosigkeit. Das ist für einen Menschen unglaublich einschneidend. Die verlieren ja alles. Und sie wissen gar nicht, wofür. Wenn man bedenkt, in welche Gefahr sich auch Menschen begaben, die aus der früheren DDR, aus den Ostblockstaaten flohen. Diese Menschen wissen nicht, was sie erwartet. Sie wissen, dass ein großes Risiko besteht und dass sie in Ungewissheit ankommen. Und trotzdem setzen sie ihr Leben aufs Spiel. Wie schlimm muss es denen gehen?

Wer hierher flieht, möchte sein Leben ändern, sonst wäre er nicht gekommen. Dabei müssen wir entschlossen helfen. Wir müssen die Voraussetzung dafür schaffen, dass Integration gelingt. Auch der Familiennachzug muss weiterhin möglich sein. Deswegen ist ein ›Wir schaffen das‹ der richtige Ansatz. Aber wir müssen den Leuten auch erklären, wie wir es schaffen. Wir müssen dieses ›Wir schaffen das‹ mit Maßnahmen verbinden, indem wir das tun, was zu tun ist. Das wird ein zentrales Thema meiner Amtszeit sein. Muss es auch, weil es die gesellschaftliche Herausforderung im Moment ist.

Ein Prozent der Menschen, die hier in Köln leben, sind Flüchtlinge. Das ist für eine Millionenstadt nicht viel. Der Kabarettist Jürgen Becker soll neulich mal gesagt haben: Es ist wie in einer Kneipe, wo schon hundert Menschen drin sind und noch einer reinkommt – der passt da auch noch rein. Das finde ich sehr schön. Aber auch für denjenigen muss eben die Möglichkeit da sein, sich zu entfalten.

Das wäre auch ohne das Attentat ein Schwerpunkt meiner Amtszeit geworden. Denn ich stelle fest, dass wir es bisher zwar geschafft haben, den meisten ein Dach über dem Kopf zu geben, aber lange nicht, die Menschen so zu integrieren, wie es notwendig ist. Dazu gehört auch, ihnen unsere Kultur nahezubringen. Wie können wir die Menschen, die zu uns kommen, in Zukunft schneller erreichen? Und wie können wir sie schneller mit unseren kulturellen Gepflogenheiten vertraut machen? Wir müssen ihnen das öffentliche Leben in Deutschland erklären und zeigen, wie man sich in unserer Gesellschaft bewegt. Wir müssen alles tun, um zu verhindern, dass die Dinge außer Kontrolle geraten.

Der Umgang mit Flüchtlingen muss aber klar von den Ereignissen der Silvesternacht getrennt werden. Der Umgang mit den Asylbewerbern ist das eine, das andere ist der Umgang mit Kriminellen. Natürlich kann es immer sein, dass sich unter so vielen Flüchtlingen auch Kriminelle bewegen, das ist ja vollkommen klar. Wir dürfen aber nicht zulassen, dass pauschale Urteile über Flüchtlinge gefällt werden. Vorverurteilungen bringen uns nicht weiter. Es herrscht Frust in den Flüchtlingsquartieren. Wir sehen mit Sorge, dass so viele Flüchtlinge in Massenunterkünften ausharren müssen. Wir müssen den Menschen die Möglichkeit bieten, hier etwas aufzubauen. Ich habe immer gesagt, wir müssen viel mehr und viel schneller Integrationskurse anbieten, parallel zu den Sprachkursen. Wir müssen schneller Wohnungen bauen, damit die Menschen selbstbestimmt leben können. Die Leute müssen schnell Deutsch sprechen lernen, dazu müssen wir aber Angebote schaffen, damit sie es auch lernen können. Das gilt nicht nur stadtbezogen, das sind natürlich auch Landes- und Bundesthemen.

Es kann nicht so bleiben, dass man planmäßig Turnhallen

belegt. Dass es so weit gekommen ist, liegt einfach daran, dass wir uns in Köln, wie die anderen Kommunen auch, an den von Bund und Land prognostizierten Flüchtlingszahlen orientiert haben. Es ist schwierig für die Kommunen, Zahlen, die vom eigenen Innenminister vorgegeben werden, aufgrund einer bloßen Ahnung infrage zu stellen und dann Beschlüsse herbeizuführen.

Ich möchte nach dem Attentat mit vielen noch intensiver ins Gespräch kommen, als ich es bisher schon bin. Ich bin ja zum Beispiel mit der türkischen Community oder mit dem Rat der Religionen im Gespräch. Ich möchte, dass wir als Kölner/innen gemeinsam mit dieser Herausforderung, dem Zuwachs an Menschen, umgehen und das gemeinsam gestalten. Das habe ich ganz sicher vor.

Ich habe im Moment auch das Gefühl, dass man mir gegenüber noch zugewandter ist als vorher. Ohne dass ich das anstrebe, glaube ich, manchmal als Symbolfigur wahrgenommen zu werden. Denn ich bin ja auch immer für die Menschenrechte eingetreten. Mir ist das Attentat ja auch widerfahren, weil ich diese Rechte offensiv mit vertreten habe. Das bringt so eine Nähe zu Menschen mit Herkunftsgeschichte.

Ich habe die Einrichtung einer Ombudsstelle für Flüchtlinge schon immer als Möglichkeit einer niedrigschwelligen Anlaufstelle für Beschwerden betrachtet. Die aktuelle Situation zeigt, dass das richtig und wichtig ist. Die Ombudsstelle wird nicht bei der Verwaltung oder bei einem freien Träger der Wohlfahrtspflege angesiedelt, sondern direkt beim Flüchtlingsrat. Hierhin sollen sich in erster Linie Flüchtlinge, aber auch Mitarbeiter/innen von Hilfsorganisationen und Wachdiensten wenden können, um auf Missstände aufmerksam zu machen – auch anonym.

Es gibt eine enorme Hilfe der Zivilgesellschaft. Die Kölner Bürger/innen haben eine ganz große Integrationskraft, die werden weitermachen. Viele Menschen halten aber auch an ihren Vorurteilen fest. Sie lassen die Realität gar nicht an sich heran. Sie urteilen nicht, sondern pflegen ihre Vorurteile, auch wenn sie gar nicht wissen, worum es eigentlich geht. Wobei ein Vorurteil an sich erst mal nichts Schlimmes ist. Man muss die Menschen kennenlernen, sich mit den Dingen und Themen beschäftigen. Man muss konkret werden. Allgemeinplätze, Pauschalisierungen und Sippenhaft bringen uns nicht weiter. Man muss Situationen gestalten, wo Menschen die Gelegenheit bekommen, ihre Vorurteile zu überprüfen und dann wirklich dezidiert zu urteilen. Solche Begegnungen werde ich schaffen.

Die Frage ist doch: In welcher Gesellschaft wollen wir in Zukunft leben? Ich glaube, dass viele Menschen den Globalisierungsprozess, in dem wir uns bewegen, noch nicht wirklich akzeptiert haben. Die Flüchtlinge kommen, ob ich jetzt bei der Stadt für die Unterbringung verantwortlich bin oder ein anderer. Wir müssen weg von der Deutschtümelei. Wir müssen etwas Verbindendes suchen zwischen den Menschen. Und wir müssen realisieren, dass wir eine alternde Gesellschaft sind. Zuwanderer/innen bedeuten auch eine große Chance für uns.«

Die Krise der Integration

»Köln ist nicht nur ein Jeföhl. Köln ist auch Mitjeföhl«, sagte Henriette Reker auf der ersten Pressekonferenz nach dem Attentat in ihrer Danksagung für die vielfachen Genesungswünsche der Bürgerinnen und Bürger ihrer Heimatstadt.

Köln ist ein Gefühl. Dieses Gefühl hatte Köln verloren im Rahmen der schlimmen Ereignisse von Silvester: das Gefühl von Sicherheit. Gefühlte Sicherheit ist etwas anderes als die tatsächliche Sicherheit. Das ist keine Kopfsache, das ist ein Bauchgefühl. Es geht um Vertrauen, Zutrauen und Selbstwertgefühl. Das Vertrauen kann enttäuscht werden. Das kann man nicht mit Fakten und Informationen kaufen. Das Vertrauen bekommt man geschenkt, oder man muss es sich wieder verdienen. Eine Herkulesaufgabe ist das für die Polizei. Die Stadt und den Staat. Und die Politik.

Köln war kein Einzelfall, und Deutschland steht mit seinen Herausforderungen nicht allein auf der Welt. Schweden galt vielen lange Zeit als Vorbild in der Flüchtlingspolitik. Man sprach vom »schwedischen Modell«. Doch auch in Schweden gab es jetzt eine Zeitenwende. Der Mord an einer 22-jährigen Flüchtlingshelferin durch einen 15-jährigen Geflüchteten wurde zum Wendepunkt. Die Tat änderte alles. Das Vertrauen wurde dadurch empfindlich gestört. Der Ton wurde harscher. Die Zweifel brachen sich Bahn. Wie in Köln die Übergriffe der Silvesternacht galt die schreckliche Tat in Stockholm als Beweis für die Überforderung des Staates und der Polizei im Umgang mit der Flüchtlingskrise und als Scheitern der Integration.

Bürgerwehren wurden in Stockholm wie in Köln gegründet, um das Recht selbst in die Hand zu nehmen. Die Jagd auf Ausländer war eröffnet. Flüchtlinge gerieten unter Generalverdacht. Die Rechten instrumentalisierten die Verbrechen. Vorurteile wurden geschürt. Hier wie dort versuchte die Polizei, des Mobs Herr zu werden. Doch das Klima von Multikulti war massiv erschüttert. Die Willkommenskultur galt als Auslaufmodell. Political Correctness galt plötzlich als Zensur. Jede Meinungsäußerung der Empörungsdarsteller/innen bekam mehr Aufmerksamkeit als die der Handlungspolitiker/innen. Die Forderung einfacher Lösungen ist immer öffentlichkeitswirksamer als die Langsamkeit komplizierter Sachverhalte, die Analyse von Machbarkeit und die Umsetzung langwieriger Prozesse. Es ist so viel leichter, jeden Tag eine neue Forderung durch die Medienwelt zu jagen, als auch nur ein einziges konkretes Gespräch mit den Betroffenen zu führen.

Das ist der Unterschied zwischen lautstarkem Populismus und verantwortungsvollem Tagesgeschäft. Bezogen auf Köln lässt sich fragen: Was tun die Stadt und die Polizei? Was tut man gegen das kollektive Gefühl, Ort und Opfer eines Staatsversagens gewesen zu sein?

Aufrüstung ist das zentrale Thema der Polizei. Überwachung und Sichtbarkeit des Polizeiapparates. Zusammenarbeit auf allen Ebenen der Verantwortlichen für die Sicherheit in der Stadt. Reker sagte in der von ihr einberufenen »aktuellen Stunde« in der Januar-Stadtratssitzung, in der auch, als Novum, der neue Kölner Polizeipräsident eine Rede halten durfte: »Es muss Ziel des staatlichen Handelns sein, sowohl die Sicherheit und das Vertrauen in selbiges als auch die Willkommenskultur aufrechtzuerhalten.«

Da findet sich die Komplexität der gewaltigen Aufgabe in einem einzigen Satz. Ist das Wunschdenken? Ist das eine simple Aneinanderreihung von richtigen und wichtigen Begriffen als Selbstberuhigung und Valium für die Bürger/innen der Stadt? Ist das Ausdruck der politischen Durchschlags- und Gestaltungskraft? Wir werden sehen, ob die Agenda der Null-Toleranz gewinnt – sehr hoher Polizeiaufwand und weniger Straftaten – oder die Toleranzpolitik der Verhältnismäßigkeit der Mittel und Maßnahmen. Wenn es den Verantwortlichen unter Federführung des neuen Polizeipräsidenten und von Oberbürgermeisterin Reker gelingt, das Vertrauen der Kölner/innen zurückzugewinnen, dann steht die Stadt bald wieder weltweit für das besondere Lebensgefühl und eine einmalige Lebensqualität: Köln als die Hauptstadt der selbstbewusst gelebten Toleranz. Ohne Misstrauen. Ohne Manschetten. Ohne Empörung und Enttäuschung. Ohne Berührungsängste vor Fremden und dem Fremden. Und Köln fühlt sich dann vielleicht endlich auch nicht mehr als Opfer der besonders gelebten Liberalität.

Der neue Politikstil

Henriette Reker will eine Oberbürgermeisterin für alle Kölner/innen und alle politischen Kräfte sein. Die SPD eingeschlossen – was manche nach dem Wahlkampf verwundern mag. Die Ausnahme stellen für Reker die rechtspopulistischen und rechtsextremen Parteien dar – ihnen gegenüber soll es nur die »absolut erforderliche Mindestkommunikation, mehr nicht« geben. All das ist Ausdruck ihrer unabhängigen Grundhaltung, die sich schon darin ausdrückte, dass es vor der Wahl keine Absprachen mit den Unterstützerparteien, keinen Preis für die Zusammenarbeit gab.

»Bei mir wird es keinen Klüngel geben. Ich positioniere mich nicht vorab in Parteifarben«, sagt Reker. »Die Menschen denken Gott sei Dank auch nicht mehr nur in Parteifarben. Ich bin in der Sache unterwegs. Bei mir wird es nicht ideologisch sein. Die Parteien, die mich unterstützen, bekommen zurück, dass ihre Gedanken und die von kreativen, intelligenten und zukunftsfähigen Köpfen in das Verwaltungshandeln unserer Stadt mit einbezogen werden.«

Das Ziel war und ist Köln. »Die Stadt gehört den Kölnern und nicht den Parteien. Ich mache Schluss mit der Parteibuchwirtschaft«, war Rekers zentrale Aussage im Wahlkampf. Nur dadurch könne man den Menschen das Vertrauen in Politik und Stadtverwaltung zurückgeben.

Die Kölner Kommunalpolitik war in den letzten Jahrzehnten geprägt von einem gewissen Blockdenken. Stadtratsmitglieder stimmten aus Fraktionszwang gegen ihre innere

Überzeugung, raunte man, und gute Ideen fanden kein Gehör, weil sie nicht aus den eigenen Reihen stammten. »Unsere Probleme sind zu groß, um an dieser Praxis festhalten zu können«, sagt Reker. Komplexe und sich ständig verändernde Herausforderungen erfordern Flexibilität.

Reker will immer über den Tellerrand und die Parteigrenzen hinweg die besten Lösungen für Köln suchen und umsetzen. Fernab von Parteitagsbeschlüssen und Fraktionszwängen will sie so Prioritäten setzen. Es geht ihr darum, die Parteien zu ermutigen, die eigenen Interessen zurückzustellen, um die besten Entscheidungen für Köln zu treffen. Sie wünscht sich parteiübergreifende Wege der Mehrheitsfindung. Für jede Entscheidung wird so im sachlichen Diskurs eine möglichst große Mehrheit gesucht.

Reker unterscheidet zwischen Kern-Kooperation und flexiblen politischen Mehrheiten für Einzelentscheidungen. Haushaltswirksame Entscheidungen sind dabei immer Gegenstand der Kern-Kooperation. Das sei gerade in Bezug auf die sehr schwierige Haushaltslage der Stadt Köln unerlässlich. Reker glaubt, dass vor allem der Haushalt samt Konsolidierungs- und Investitionsstrategie und sicherlich einige wenige politische Kernthemen eine stabile politische Kern-Kooperation erfordern.

Eine Kern-Kooperation ist kein Modell von weniger Diskussion und Demokratie, sondern davon ist mehr möglich als in jeder Koalition. Jede Partei behält ihr politisches Profil und wirbt für Mehrheiten. Die an der Kern-Kooperation beteiligten Parteien wirken somit sichtbar und verantwortlich an den Kernthemen der Stadt Köln mit, ohne zu anderen Themen »zu viele Kompromisse« eingehen zu müssen.

Bezüglich des Haushalts will Henriette Reker frühzeitig einen fraktionsübergreifenden Konsens erreichen. »Denn die Voraussetzungen zur Zukunftsfähigkeit und zur Zukunftsgestaltung liegen als Erstes in einem auf Dauer sanierten Haushalt«, meint sie. In Schulden zu versinken ist der Anfang vom Ende. Das gilt es zu verhindern, mit aller Macht. Das ist mit harten Entscheidungen verbunden. Da macht sie sich keine Illusionen. Da brauche es eine breite Mehrheit. Ein solider Haushalt ist ein wichtiges Stück der Gerechtigkeit zwischen den Generationen. Und keine leichte Aufgabe für Köln, sagt sie. Jedenfalls: »nichts für schwache Männer«.

Für die Personalpolitik bedeutet der neue Politikstil beispielsweise, dass die Kompetenz entscheidet und nicht das Parteibuch. Da Köln vor großen Herausforderungen steht, braucht sie als Oberbürgermeisterin die breite Unterstützung aller Parteien und der Stadtgesellschaft. Die Überparteilichkeit der Stadtspitze sendet auch ein deutschlandweites Signal. Henriette Reker will zusammen mit den Menschen neue Lösungen denken, neue Strategien entwickeln und neue Wege gehen. Transparent und partizipativ. Sie will den Dialog mit den Kölner/innen suchen und als Potenzial nutzen und nicht als Störung verstehen. Daher ist die Beteiligungskultur gerade in den Stadtvierteln eine ihrer Herzensangelegenheiten. »In der Nähe liegt die Kraft! In den ›Veedeln‹ findet das wirkliche Leben statt.« Die komplexen Aufgaben der Stadt sollen in Projekten mit innovativen und kreativen Köpfen zum Erfolg geführt werden.

Es gab in der Vergangenheit immer wieder gute Entscheidungen durch den Rat der Stadt Köln. Es fehlte in Rekers Augen allerdings eine Gesamtstrategie. Und die von der SPD geführte Stadtverwaltung hat in der Vergangenheit viele Beschlüsse einfach nicht umgesetzt. Das soll sich nun ändern. Reker will an den Stellschrauben drehen. Sie kennt aus ihrer Zeit als Sozialdezernentin die Kölner Stadtverwaltung genau.

Sie schätzt das Engagement der Verwaltungsmitarbeiter/innen sehr. Ihr Plan geht dahin, die Abläufe der Verwaltung zu vereinfachen, die Vernetzung zwischen den Ämtern zu verstärken und die Servicequalität für die Bürger/innen, Unternehmen und Investoren transparent zu gestalten und zu verbessern. Die besten Rezepte dazu kommen von den Verwaltungsmitarbeiter/innen selbst. Alle haben verstanden, dass es weg von einer Zuständigkeitskultur und hin zu einer Lösungskultur mit Ergebnisverantwortung kommen muss. Reker will eine Mentalität auflösen, die von gegenseitiger Abschottung, vom Delegieren von Verantwortung, von einer gelegentlichen Unkultur, Entscheidungen zu vertagen, geprägt ist. Das Motto heißt auch hier: Zusammenarbeit, und zwar dezernatsübergreifend.

In Skandinavien, zum Beispiel in Schweden und Dänemark, führt dieser neue Politikstil zu guten Ergebnissen, hoher Stabilität und großer Akzeptanz in der Bevölkerung. Dabei hat es sich bewährt, für Entscheidungen und Planungen mit einer auch langfristigen Wirksamkeit nicht nur nach einer einfachen und gegebenenfalls knappen Mehrheit, sondern nach einer möglichst breiten Mehrheit zu suchen. Dies wird laut Reker auch ihr Weg sein.

Teilweise wird eingewendet, Dänemark oder Schweden hätten eine andere politische Kultur als Deutschland. Daher sei der Ansatz nicht übertragbar. Das lässt Reker nicht gelten. Sie fordert dagegen, aus solch guten Ansätzen zu lernen, statt auf überholten Wegen mit schlechten Ergebnissen zu beharren. Sie sei jedenfalls dazu bereit. Und sie glaubt, die Kölner Bevölkerung ist es auch. Die Parteien in Köln haben da noch Nachholbedarf. Gleich nach der OB-Wahl kamen Gerüchte auf über Geheimgespräche über neue Koalitionen, über das Verschachern von Dezernenten- und Amtsleiterposten. Derweil lag die frisch gewählte Oberbürgermeisterin, die genau das nicht wollte, im künstlichen Koma. Das Team Reker sah sich genötigt, die bereits erwähnte Erklärung im Sinne ihrer Kandidatin Reker abzugeben: »Wir fordern, das klare Wählervotum für Henriette Reker zu respektieren und sie als zukünftiges Stadtoberhaupt an allen wichtigen Entscheidungsprozessen zu beteiligen.« Dass sich ein Wahlkampfteam nach der Wahl ins politische Tagesgeschäft einschaltete und zu einer »Entschleunigung« aufrief, war bemerkenswert. Reker dürfe durch laufende Gespräche der Parteien nicht vor vollendete Tatsachen gestellt werden. Man müsse den Genesungsprozess abwarten, bis sie sich persönlich an den politischen Weichenstellungen beteiligen kann, hieß es.

Die CDU sah offenbar nach der Wahl die Chance, endlich wieder an die Macht zu kommen. Die SPD wollte ihre Macht sichern. Ein Konstrukt mit wechselnden Mehrheiten schien für beide nicht wirklich attraktiv. Die SPD forderte gebetsmühlenartig sogenannte stabile politische Mehrheiten. Dazu ging sie interessante Wege. Es ist die Rede von einem Papier aus der SPD für eine Große Koalition zwischen SPD und CDU. Auf der Ebene der Fraktionsvorsitzenden soll es einen Vertrag ohne Datum und ohne Unterschrift gegeben haben. Das SPD-Spitzen-Duo soll am Freitag vor dem Wahltag direkt auf den CDU-Chef zugegangen sein und ihn aufgefordert haben, die Sache in trockene Tücher zu bringen. Die beiden SPD-Politiker, auch die Boygroup der Partei genannt, sind für ihren Machtinstinkt bekannt. Ob es ein solches Papier gegeben hat oder nicht, die Strategie passt zum bis dahin herrschenden Selbstverständnis der Parteien. Die Gedankenspiele eines neuen Politikstils wurden als zu aufwendig und zeitraubend für ehrenamtliche Kommunalpolitiker/innen in einem zersplitterten Stadtrat abgetan. Doch gerade die kleineren Parteien und die Grünen konnten sich neue Arbeitsweisen durchaus vorstellen. Zeitweilig schien die Große Koalition aus SPD und CDU in den Wochen nach der Oberbürgermeisterwahlwahl betonharte Realität zu werden. Eine Albtraum-Koalition für die innovativen Vorstellungen Rekers. Bei einer großen Koalition wäre die Enttäuschung über den geringen Einfluss Rekers vorprogrammiert gewesen. Sie wäre sehr schnell in die Defensive geraten und hätte das Oberbürgermeisteramt zur Festung ausbauen müssen, um überhaupt wirksam und sichtbar sein zu können.

Doch etwas änderte sich. Der Wind drehte sich. Zugunsten einer Koalition aus CDU und Grünen. Mit der Minderheiten-Kooperation von Schwarz-Grün sind die Gestaltungschancen sicherlich größer. Nun scheint doch noch einiges möglich mithilfe des neuen Politikstils. Unter einer Voraussetzung: wenn die Parteipolitiker/innen tatsächlich lernen, neu zu denken.

Es gibt da nämlich das hartnäckige Vorurteil, dass Städte ab einer gewissen Größe nicht mit wechselnden Mehrheiten regierbar sind. Weil letztendlich die Haushaltspolitik alles beherrscht. Dass in Köln ein Haushalt mit einem strukturellen Defizit vorzufinden ist, macht die Situation nicht einfacher. Man braucht also eine große Linie. Man brauche dafür, so sagt Reker, eine Gesamtstrategie, die auch Krisen und Probleme überwinden könne. Das ist die Grundproblematik. Das ist die Herausforderung. Und die Chance besteht darin, Sachpolitik nach vorne zu stellen. In der Vergangenheit gab es immer wieder Entscheidungen, die sich sachpolitisch nicht begründen ließen, sondern Ausdruck puren Machtwillens waren. Bei sachpolitischen Fragen könnten Kräfte zusammengehen, die sonst nicht zusammengehen würden.

Dazu braucht man aber eine strukturierende und steuernde Kraft. Henriette Reker ist bereit, diese Rolle anzunehmen. Letztendlich hängt aber alles vom Willen der Parteien ab, denn die Oberbürgermeisterin verfügt zwar über eine gewisse Macht – aber nicht in dem Maße, wie es sich manche Bürger angesichts der Persönlichkeitswahl vorstellen. Manche Erwartungen wird die Oberbürgermeisterin nie und nimmer erfüllen können, einfach, weil es die Gesetze nicht hergeben.

Dazu ein Verweis auf die Macht des Oberbürgermeisters: Er bestimmt aufgrund der NRW-Gemeindeverfassung nicht nur wesentlich die Richtung des kommunalpolitischen Handelns, sondern hat auch weitgehende exekutive Rechte, um Kommunalpolitik konkret zu gestalten und durchsetzen zu können. Aufgrund der »unentziehbaren Organisationsgewalt« obliegen ihm alle strukturellen und personellen Entscheidungen in der Verwaltung, nicht aber die Bestimmung der Dezernenten, die vom Stadtrat gewählt werden.

Der Oberbürgermeister hat aber auch nur eine Stimme im Stadtrat, kann also überstimmt werden – eine Gefahr, die natürlich größer ist, wenn man als parteilose Oberbürgermeisterin nicht über eine Hausmacht verfügt.

Henriette Reker gewährt ihre Unabhängigkeit Freiheiten – sie muss sich keiner Parteiräson unterwerfen –, es sind aber auch Risiken damit verbunden. Wenn sie einen Vorschlag unterstützt und ihm mit ihrer Stimme nicht zur Mehrheit verhelfen kann, kann das ihre Machtposition beschädigen. Reker muss sich also ständig um Kommunikation mit den Ratsmitgliedern bemühen, um Entscheidungen vorzubereiten. Sie muss einen Plan haben. Und wissen, andere haben auch einen Plan. Wenn sie alle demokratischen Parteien zum Dialog einlädt, muss sie schauen, ob und wie man auf einen gemeinsamen Nenner kommt. Entscheidend wird sein: Sie muss den neuen Politikstil überzeugend vorleben. Dabei können Arbeitskreise helfen. Oder anders ausgedrückt, die Wiederbelebung eines sogenannten Effizienzteams für die Diskussion von Haushaltsfragen.

Eins darf man natürlich nicht vergessen: Die Politik, die Demokratie leben vom Wettbewerb. Und die Parteien wollen unterscheidbar sein und bleiben. Irgendwann fragen die Parteitage, wo denn das jeweilige Profil geblieben sei. Manche Parteisoldaten werden fragen: Wieso nehmen alle so viel Rücksicht darauf, dass Reker alles in den Griff bekommt und gut dabei aussieht? Das birgt Zündstoff für die Zukunft.

»Ich bin nur an Macht nicht interessiert«

»Ich bin von Natur aus schon ein bisschen detailbeflissen. Aber ich muss feststellen, dass ich, wenn ich zu detailliert werde, zu viel Energie einsetze, um die letzten 10 Prozent noch zu erfassen. Mir geht es dabei weniger um Kontrolle, sondern um Beurteilungsfähigkeit. Manchmal muss man sich fragen: Bist du wirklich die Richtige, um den Sachverhalt zu beurteilen? Dann muss man es an Fachleute geben, denen man vertraut, und sich davon freimachen, selbst jede Einzelheit zu beleuchten. Und dann ist es die Kunst, Menschen auszusuchen, die es beurteilen können. Loszulassen und denen die Beurteilung zu überlassen, in der Gewissheit, man hat die richtigen Kolleg/innen an der Seite. Wenn die Menschen das merken, dann wird sie das zusätzlich motivieren. Davon bin ich überzeugt. Wenn man ihnen das zutraut und ihnen überlässt, dann machen die das so gut wie nie zuvor. Man muss sie aber auch unterstützen. Man muss ihnen an die Hand geben, welche Voraussetzungen sie überblicken müssen, wenn sie eine Entscheidung treffen, die sie bisher in der Form noch nie getroffen haben. Man muss ihnen sozusagen eine Checkliste geben. Das wird häufig nicht praktiziert. Aber anders wird es nicht gehen, denn wenn wir weiter versuchen, so zentral mit Dingen umzugehen, dann kommen wir nicht schnell genug voran. Das Tempo einer wachsenden Metropole kann nicht die Stadtverwaltung vorgeben. Oder besser gesagt: Das Tempo wird von der wachsenden Metropole vorgegeben, nicht von der Stadtverwaltung.

Ich habe mich ja viele Jahre mit Großstadtereignissen befasst. Ich war in Gelsenkirchen Leiterin des Krisenstabes für fünf Spiele bei der Weltmeisterschaft 2006. Eines habe ich gelernt: Man muss *vor* der Krise sein, das heißt, man muss vorgedacht haben. Hier in Köln sind Strukturen geschaffen worden, in denen man kaum noch vordenken kann. Durch den ineffizienten Zuschnitt der undurchsichtigen Geschäftsbereiche fehlen Steuerungsmöglichkeiten. Und es fehlen Mitarbeiter, weil man jahrelang zulasten der Personalkapazitäten gespart hat. Und jetzt ist man überrascht, dass zu wenige Mitarbeiter/innen da sind, um die Arbeit zu machen und den neuen Herausforderungen beispielsweise durch Flüchtlinge und demografische Entwicklung gerecht zu werden. So geht das nicht. Die Politik verkauft ihren Wähler/innen natürlich ungern, dass sie für eine Stadtverwaltung Geld ausgibt, die zurzeit bei den Bürger/innen nicht gerade taumelnde Freude auslöst. Wenn wir eine dienstleistungsbereite Stadtverwaltung haben, zu der die Menschen Vertrauen haben, dann sind die Bürger/innen auch bereit, dafür etwas auszugeben. Dann wird es nicht so schlimm sein, ihnen zu erklären, wir müssen die Geschäftsbereiche anders aufstellen, um wieder Steuerungsmöglichkeiten zu entwickeln.

169

Ich werde darauf hinwirken – und zwar hartnäckig, da werde ich nicht nachlassen –, dass wir uns eine Prioritätenliste geben und diese mit Finanzen hinterlegen, sodass das nicht nur fromme Wünsche bleiben. Ich werde dafür sorgen, mit all meinen Kräften, dass das, was für die Stadt am wichtigsten ist, auch umgesetzt wird. Das erfordert Ehrlichkeit und Mut. Den Mut braucht man, weil man bereit sein muss, über die Wahlperiode hinauszudenken. Das Problem bei Politikern ist ja, dass sie Probleme, die sie nicht in der eigenen Wahlperiode lösen können, einfach nicht benennen. Der demografische Wandel zum Beispiel wurde schon 1975 beschrieben. Und was ist seitdem passiert? Die Politiker/innen in Deutschland sind häufig so von ihren Wahlerfolgen abhängig, dass sie nicht in Zeiträumen denken, die über die Wahlperiode hinausgehen.

Ich bin da unabhängiger. Ich bin nicht in einer Situation, wo ich darauf angewiesen bin, in dieser Position noch dreimal bestätigt zu werden – oder noch eine Karriere zu machen. Das hängt auch mit meinem Lebensalter zusammen. Das liegt nicht nur an meiner Parteiunabhängigkeit. Aber auch. Ich bin freier, denn immer, wenn ich in den Augen der einen oder der anderen Unterstützerpartei etwas ›Falsches‹ mache, können die Parteien sich davon distanzieren.

Bürgerbeteiligung ist ein Riesenthema. Wie machen wir das? Ich finde eine Vorhabenliste richtig, in die man eine Idee, die man in der Verwaltung entwickelt, sofort einträgt. Aber ich erwarte auch von allen, die beteiligt werden wollen, dass sie sich zuerst einmal als Demokraten verhalten und auch wählen gehen. Das ist nämlich die Urform der Bürgerbeteiligung.

Was die Bezirksvertretungen angeht, werden wir dem Rat und sicherlich auch dem Land Modelle vorlegen. Wir werden eine Expertengruppe gründen, und die wird gucken, was nach der Gemeindeordnung für eine Stärkung der Bezirke möglich ist. Das werden wir dann umsetzen. Ich bin überzeugt, dass das notwendig ist, weil die Stadt im Grunde nicht alles zentral steuern sollte. Für viele Dinge gibt es Experten vor Ort, und die muss man ernst nehmen. Es kann nicht sein, dass die Bezirksvertretungen die Vorzimmer für lästige Ratsangelegenheiten sind. Da muss man schon eine größere Möglichkeit zur Selbstbestimmung schaffen. Auch wenn es Machtverlust bedeutet, ich bin nur an Macht nicht interessiert. Ich bin daran interessiert, dass das insgesamt funktioniert. Ich will, dass sich die Stadt weiterentwickelt, also müssen wir so schnell wie möglich eine verlässliche Bürgerbeteiligung aufsetzen, die dann auch garantiert, dass man in einem planbaren Zeitraum mit den Projekten fertig wird.«

Köln braucht eine starke Führung

Wir haben Henriette Reker gebeten, sich vorzustellen, sie würde einem siebenjährigen Kind aus ihrem Freundeskreis erklären, was eine Oberbürgermeisterin Reker macht.

»Wenn ich es ihm erklären müsste, dann würde ich versuchen, ihm ein paar verschiedene Aufgabenbereiche, die es kennt, zu beschreiben. Dann würde ich ihm sagen, dass es eine Stelle gibt in der Stadt, wo gesteuert werden muss, dass die alle gut zusammenarbeiten, dass nicht einer etwas macht, was den anderen behindert. Und das ist in meinem Büro. Steuerung bedeutet, dass man die Richtung bestimmt. Wie so ein Steuer am Boot oder im Auto. Mit dem Steuer bestimmt man die Richtung. Das versteht ein siebenjähriges Kind.«

Reker ist es wichtig, den elementaren Unterschied zwischen Steuerung und Moderation klarzumachen. Bei der Moderation nehme man die Metaebene ein, schaue, dass alle zu Wort kommen, und fasse dann zusammen, auf welcher Grundlage die Entscheidung getroffen wurde. Und: Der Moderator habe nichts mit den Inhalten zu tun.

»Das war ja anders im Wahlkampf, in der Montagsrunde der Vertreter der unterstützenden Parteien«, erinnert sie sich, »da hatte ich eine ganze Menge mit den Inhalten zu tun. Deswegen hätte dort eine Moderation auch nicht ausgereicht. Auch im Stadtrat würde eine Moderation nicht ausreichen. Es sind natürlich immer auch Anteile von Moderation dabei, das geht ineinander über. Steuerung bedeutet für mich, dass ich eine Vorstellung von einem Ziel habe, die ich dann um den Dialog ergänze. Ich lerne ja auch in diesem Dialog etwas: Ich lerne unterschiedliche Sichtweisen kennen, da werden Erfahrungen ausgetauscht. Da können sich Ziele verändern, weil man dazulernt. Und da kommt man vielleicht zu einem anderen Ergebnis, was nicht unbedingt schlechter sein muss.«

Wissen die Bürger vorher, wohin es gehen soll?

»Im Wahlkampf ja, da kannte man das Ziel. Bei der Stadtpolitik ist es anders. Wir haben zwar alle das gleiche Ziel, nämlich das Beste für die Stadt zu erreichen, aber es gibt verschiedene Einstellungen, und das entwickelt sich dann in einem Prozess. Moderation wäre da sicher zu wenig. Ich regele das schon. Ich mache das nur so freundlich, dass es moderierend wirkt. ›Gestalten‹, das passt besser. Mit einem Ergebnis gestalten. Es soll ja nicht nur eine kurzweilige Sitzung werden, bei der sich alle verstehen, sondern man sollte hinterher auch ein Ergebnis haben. Es gibt manchmal unterschiedliche Wahrnehmungen der Sitzungen, des Ergebnisses, aber ich hatte und habe immer eine genaue Vorstellung, was da tatsächlich war und was herauskommen sollte.«

Henriette Reker hat einmal erzählt, sie habe das heimliche Ziel gehabt, an dem Tag der Verleihung des Heinrich-Böll-Preises an Herta Müller wieder so weit gesund zu sein, um dabei ihren ersten Termin als Oberbürgermeisterin wahrnehmen zu können. Das war rund fünf Wochen nach dem Attentat. War das auch eine Form von Steuerung?

»Was die ärztlichen Untersuchungstermine angeht, schon«, gibt sie zu, »weil die ja so liegen mussten, dass ich das wenigstens zwei Tage vorher wusste. Ansonsten war es schon ein Stück weit eine Selbstmotivation, weil ich wusste, ich muss bestimmte Voraussetzungen erfüllen, damit die Ärzte mich laufen lassen. Man kann da schon von Steuerung sprechen. Jedenfalls, was in meiner Macht stand, habe ich getan, um das zu erreichen. Ich habe das die ganze Zeit geheim gehalten, sonst wäre das zerredet worden als Ziel.«

Wir wollten selbstverständlich wissen, ob es immer geheime Planziele gibt, die sie ansteuert, auch als Oberbürgermeisterin.

»Wenn es mich persönlich angeht, behalte ich die Pläne tatsächlich häufig für mich. Aber wenn andere betroffen sind, gehe ich ganz offen damit um, weil ich es nicht fair fände, auf etwas hinzuwirken, wo die anderen die Richtung nicht erkennen können. Aber wenn es um mich persönlich geht, finde ich nicht, dass ich Bericht darüber zu erstatten habe, was mir wichtig ist und zu welchem Zeitpunkt ich das erreicht haben möchte.«

Henriette Reker hat den Heinrich-Böll-Preis dann tatsächlich am 20. November 2015 an Herta Müller verliehen. Die wünschte ihr an ihrem ersten Arbeitstag »gute Erholung, aber auch für die Demokratie«. »Das fand ich genau passend«, freut sich Henriette Reker.

Haltungsfragen sind Chefinnensache

Parteiprogramme sind Ausdruck von Geisteshaltungen. Sie sind sinnvoll, damit die Menschen sich damit identifizieren oder sie kritisieren können. Parteien werden mit unterschiedlichen Grundhaltungen verbunden. Sinnvoll und ehrlich wäre es natürlich, sie würden die Geisteshaltungen nach innen wie nach außen konsequent vertreten. Das Thema Haltung war für das Team Reker im Wahlkampf und darüber hinaus zentral.

Reker sagt: »›Haltung‹ ist ein wesentliches Thema in meinem Leben. Ich glaube, dass es ganz oft darauf ankommt, was für eine Haltung man einnimmt. Ich sage ja immer: Jeder macht Fehler. Ich mache leider jeden Tag Fehler, aber man sollte und darf keinen Fehler wider den Geist machen. Damit meine ich: Man muss eine bestimmte Haltung an den Tag legen. Die Haltung der Henriette Reker würde ich mit ehrlich und konsequent beschreiben. Mit Ehrlichkeit meine ich, ohne taktieren etwas anzustreben. Inkonsequent wäre es für mich, etwas zu sagen und etwas anderes zu tun. Das wäre opportunistisches Handeln. Haltung spiegelt sich in allen Ebenen meines Lebens wider. Auch in privater Hinsicht. Wenn man mich fragt und ich das Gefühl habe, meine Meinung ist auch erwünscht (manchmal wird man ja gefragt, und eigentlich will man gar nicht wissen, was man antwortet), dann sage ich diese Meinung auch auf die Gefahr hin, dass sie eben nicht das ist, was derjenige gerne hören wollte. Nicht in einer Partei zu sein ist aber keine Haltungsfrage, sondern eher mein Selbstverständnis, mich nicht unterordnen zu wollen.

Mit Konsequenz meine ich, die Werte, die mir wichtig sind, umzusetzen. Ich verfolge Ziele konsequent, ich setze sie konsequent um und ich bin ... sagen wir mal so, ich bin ja nicht ehrgeizig. Mein Ehrgeiz erschöpft sich darin, meine Aufgabe gut zu machen, nicht eine bestimmte Hierarchiestufe zu erreichen, aber ich bin zielstrebig. Das ist ein Unterschied. Ehrgeiz und Zielstrebigkeit sind zwei ganz verschiedene Dinge.

Wenn man mich fragt: ›Was hat Köln jetzt für eine Oberbürgermeisterin bekommen?‹, würde ich so antworten: Wenn man sich einer Personenwahl stellt, könnte man zwar ein Programm aufschreiben mit 100 000 Einzelpunkten, das würde aber nicht viel nützen, weil eine Oberbürgermeisterin nur eine Stimme im Rat hat. So bliebe es sehr ungewiss, was die Bürger/innen letztlich erwarten könnten. Sicher, es können Vorschläge in diese oder jene Richtung gemacht werden, aber ob das so ausgeht, weiß niemand. Deswegen finde ich es wichtiger, eine Geisteshaltung zu benennen. Ich habe immer gesagt, mein wichtigstes Ziel ist, die Verwaltung professionell zu managen, weil es darauf ankommen wird, welches Tempo diese Verwaltung aufnehmen kann. Davon wird abhängig sein, ob wir die Herausforderungen der nächsten Jahre in Köln erfüllen können. Eine Haltung, die ehrlich und konsequent ist, damit ist auch in der Verwaltung schon eine Menge möglich.

Meine Haltung ist außerdem den Menschen zugewandt. Ich war ja nicht fünfzehn Jahre lang Sozialdezernentin, ohne den Menschen herzlich zugewandt zu sein. Auch das ist eine Haltung. Der Papst hat ja das Jahr der Barmherzigkeit ausgerufen. Das ist auch eine Haltung – kein situationsbedingtes Mitleid, sondern eine großzügige Haltung, ohne den eigenen Vorteil zu sehen. Ich wünsche mir von den Kolleginnen und Kollegen der Verwaltung, dass sie ihren Kunden zugewandt, ehrlich und konsequent begegnen. Dazu gehört auch, mal etwas abzulehnen.

Doch nicht alle Menschen sind zugewandt. Trotzdem erleben wir jetzt mit diesen Willkommensinitiativen für die Flüchtlinge schon eine sehr zugewandte Haltung. Und die Haltung wird dann bestätigt, wenn die Menschen merken, wie viel sie selbst davon haben, und das ist eben unglaublich viel. Die würden ja diese ganzen menschlichen Kontakte, diese Erlebnisse gar nicht haben. Wenn sie das merken, dann machen sie doch erst recht weiter.

Das Gegenteil von Ehrlichkeit heißt für mich Egoismus. Wir sind hier in einer Stadt. Wir müssen hier die Gemeinwohlorientierung haben. Hier geht es weniger um den Einzelnen als um die Gemeinschaft, um das Zusammenleben.

Haltungsfragen sind für mich Chefinnensache. Es ergibt jedoch keinen Sinn, im Oberbürgermeisterbüro Themen anzusiedeln, die andere besser können. Ich kann keine Häuser bauen, das kann aber ein Baudezernent. Deswegen muss da auch die Wohnungsbauleitstelle angesiedelt werden. Ich meine damit, dass man durch den Aufbau bestimmter Organisationseinheiten die Verwaltung in die Lage versetzt, Dinge umzusetzen. Und bei anderen Dingen brauchen wir eine Art Barrierefreiheit im Kopf. Das ist für mich zum Beispiel das Thema Integration der zu uns Geflüchteten. Da habe ich als Sozialdezernentin festgestellt, dass ich lange nicht dahin gekommen bin, wo ich hätte sein wollen. Eine Organisationseinheit mit dieser Aufgabe zu beschäftigen, damit ist es nicht getan. Es muss vielmehr klar werden, wie wichtig das Thema ist. Es handelt sich um eine Entscheidung für oder gegen eine Haltung. Wenn man es bewusst macht. Aber es gibt auch viele, die eine Haltung vorgegeben haben wollen. Als Werteorientierung. Als Leitlinie. Die wollen eine Orientierung haben – wie ist die Haltung? –, und die gebe ich denen gerne vor. Vorleben ist auch eine Variante.

Ich bin eine professionelle Verwaltungsmanagerin mit einer Haltung zu ihrer Stadt und zu den Menschen dieser Stadt. Und man wird nie von mir hören, etwas sei undenkbar. Nichts ist undenkbar. Es gibt keine Denkverbote in der Verwaltung dieser Stadt.«

Die Hundert-Tage-Bilanz

»Köln wird wieder gewinnen – an Ansehen, Vertrauen und Mut.« Knapp hundert Tage nach ihrem Antritt zog Oberbürgermeisterin Henriette Reker am 26. Februar 2016 eine erste Bilanz.

»Mein Ziel: Alle Menschen sollen sich in dieser Stadt wohlfühlen; das nationale und internationale Bild der Stadt muss sich positiv entwickeln.

Thema Sicherheit: Die Silvesternacht war der Ausgangspunkt für schnelles Handeln. Für mehr Sicherheit wurde ein Stärkungsmodell in einer bisher nicht da gewesenen institutionalisierten Zusammenarbeit von Stadt und Polizei entwickelt. Grundlage ist eine gemeinsame Wahrnehmung der Sicherheitslage und des Sicherheitsbedürfnisses der Bevölkerung.

Die folgenden konkreten Maßnahmen wurden umgesetzt respektive sind in der Umsetzung:

- Ein Sicherheitsmobil, betrieben von Stadt und Polizei, das an unterschiedlichen Standorten Ausgangspunkt für gemeinsame Streifengänge sein wird.
- Eine Sicherheitskonferenz: zweimal jährlich gemeinsam mit den Strafverfolgungsbehörden.
- Ein gesamtstädtischer Präventionsrat zur Vorbeugung von Kriminalität (unter Einbeziehung der bezirklichen Präventionsräte).

- Die ›Kölner Erklärung‹ von Großstädten in NRW an Land, Bund und Städtetag, unter anderem mit der Forderung eines eigenen Ausschusses ›Sicherheit‹ im Städtetag.

Das ist viel mehr als Krisenmanagement. Es gilt der Grundsatz: Aus erkennbaren Problemen müssen zügig perspektivisch angelegte und nachhaltige Lösungen entwickelt werden. Dies gilt auch für die Frage der Domumgebung. Der Dom ist uns heilig in dieser Stadt. Es muss aufhören, dass er ständig attackiert wird durch Menschen, die sich danebenbenehmen. Ob eine Schutzzone eingerichtet werden kann, muss rechtlich geprüft werden, aber ich werde mich dafür einsetzen. Der Einsatz eines Stadtraumkümmerers mit einem Kernteam wird zunächst für Verbesserungen in der Domumgebung sorgen und von dort ausgehend den gesamten öffentlichen Raum verbessern. Beim öffentlichen Stadtraum geht es wieder um eine gemeinsame Wahrnehmung der Aufgabe in der Verwaltung und bei den Anliegern.

Einrichtung der Stelle des Flüchtlingskoordinators, angebunden beim Dezernat Oberbürgermeisterin: Die Aufnahme und Integration der Geflüchteten in Köln ist eine der größten Aufgaben, vor der Verwaltung, Politik und Stadtgesellschaft in den nächsten Jahren stehen.

Um dieser Herausforderung gerecht zu werden, müssen Flüchtlingsaufnahme und Integration ressort- und fachübergreifend als gemeinsame Aufgabe bei einheitlicher Zielsetzung gesehen werden. Dafür muss sich die Verwaltung neu aufstellen. Ein kleines Team um den Flüchtlingskoordinator wird die Steuerungs- und Koordinierungsaufgaben erfüllen. Der neue Flüchtlingskoordinator Hans Oster hat vor zwei Tagen seine Arbeit aufgenommen. Für die Vorstellung des

Flüchtlingskoordinators und seiner Aufgaben wird nach vollständiger Besetzung des Teams zu einer gesonderten Pressekonferenz eingeladen.

Angleichung der Lebensbedingungen in den Stadtteilen: Im Grundgesetz ist die Gleichheit der Lebensbedingungen in den Bundesländern festgelegt. Eine Angleichung ist auch in Köln zur Aufrechterhaltung des sozialen Friedens wichtig.

Offene Kommunikation: Aus Krisensituationen entwickle ich Perspektiven und sage offen, was machbar ist und was nicht.

Bühnen der Stadt Köln: Ein Beispiel dafür ist die Oper. Sie ist das größte Investitionsprojekt Kölns. Die Steuern der Bürger fließen in dieses Projekt ein, darum darf es kein Verwirrspiel geben, stattdessen braucht es Verlässlichkeit und Transparenz. Ich habe unmittelbar nach meinem Amtsantritt diese Transparenz hergestellt. Der Monatsbericht über den Bau der Bühnen wird mir regelmäßig vorgelegt. Die Verträge mit der Intendantin und dem Geschäftsführer der Bühnen sind zu angemessenen Konditionen verlängert worden. Als vierten, technischen Betriebsleiter werde ich Bernd Streitberger vorschlagen. Als ehemaliger Bau- und Planungsdezernent der Stadt Köln kennt er die Stadt und die Baustelle.

Herausforderung der wachsenden Metropole: Es ist endlich eine Wohnungsbauleitstelle beim Baudezernat eingerichtet. Ich möchte damit eine administrative Strategie zur Beschleunigung des Wohnungsbaus erreichen. Wir müssen die Voraussetzung in der Verwaltung schaffen, um schnell Baugenehmigungen zu erteilen. Ich überprüfe auch, ob es sich um eine Frage des Personals handelt, und werde das genau analysieren. Wir haben ein Flächenmonitoring durchgeführt und eine Vorlage dazu entwickelt. Die Stadt Köln kann in den nächsten Jahren Flächen für den Bau von insgesamt rund 49 000 neuen Wohneinheiten mobilisieren. Ich werde das Thema Bauen als Chance für eine ökologische Veränderung der Stadtentwicklung nutzen. Für die Erreichung unserer Ziele ist die Kooperation in der Region von besonderer Bedeutung.

Wirtschaft: Die Stärkung des Wirtschaftsstandortes ist mir wichtig. Dazu gehört ein ernst gemeintes Dienstleistungsverständnis. Jedes Unternehmen, das zu uns kommen möchte, ist herzlich willkommen und soll das auch spüren. Die Wirtschaftsförderung soll aus der Struktur der Verwaltung herausgenommen werden. Zunächst räumlich in einer eigenen Adresse.

Partizipation: Ich führe regelmäßige Stadtgespräche mit den Bürgerinnen und Bürgern, bei denen sie darstellen können, wie sich die Stadt aus ihrer Sicht entwickeln soll. Am 5. April 2016 starte ich mit den Stadtgesprächen im Bezirk Innenstadt/Deutz. Die anderen Bezirke werden folgen. Dort werde ich die Frage stellen: Welche Stadt wollen wir sein? Auch das ist perspektivisch die Entwicklung von Beteiligung als Chance und dadurch auch Sicherheit, dass Prozesse in angemessenen Planungszeiträumen abgeschlossen werden können.

Ich werde eine Kommission zur Stärkung der Bezirksvertretungen unter Einbeziehung der Bezirksbürgermeisterin und der Bezirksbürgermeister einrichten.

Köln verträgt eine Imagekampagne: Köln ist mehr als ein Gefühl. Dafür braucht es ein Konzept. Ich möchte dafür Persönlichkeiten aus der Kunst und Kultur und aus dem öffentlichen Leben gewinnen. Ich werde persönlich für unsere Stadt werben – damit meine ich das Köln

- der Integrationskraft,
- des Zusammenhaltes,
- des historischen und kulturellen Hintergrundes,
- als Medienzentrum,
- als eine sich immer weiter entwickelnde Start-up-Szene,
- als liebenswerte und Lebensfreude ausstrahlende Stadt und
- als europäische Stadt, näher an Paris als an Berlin.

Haushalt: Das alles ist nur möglich mit einem seriösen finanziellen Fundament. Einem Haushalt, der etwas mit Transparenz und Verantwortung zu tun hat. Und mit dem Mut zu verhindern, dass die Schuldenlast weiter wächst.«

Die Wahl 2020

Was wird anders sein bei der Oberbürgermeisterwahl 2020? Henriette Reker hat schon während des Wahlkampfes 2015 signalisiert, sie werde ein zweites Mal für das Amt antreten wollen. Wenn sie sich dazu in der Lage fühle, geistig und körperlich. Wovon heute auszugehen ist, angesichts ihres Umgangs mit den Folgen des Attentats. Getragen von einem schwarz-grünen Minderheitenbündnis, das sich immer wieder passende Mehrheiten besorgen muss, ist eine halbwegs erfolgreiche Amtszeit zu erwarten.

Allerdings wird sie bei einer erneuten Kandidatur sozusagen ihre Unschuld verloren haben. Reker wird daran gemessen werden, was sie bis dahin konkret entschieden und umgesetzt hat. Im Wahlkampf 2015 hat sie immer wieder den in Köln herrschenden Umsetzungsstau angeprangert, was zentrale Projekte angeht. Es wird genau beobachtet werden, welche Mehrheiten ihr im Rat zu Umsetzungserfolgen verhelfen. Das wird 2020 dazu führen, das sie – obwohl sie ja weiterhin keiner Partei angehören wird – parteipolitisch doch deutlicher verortet sein wird. Wenn sie eine Erfolgsgeschichte erzählen kann, dann wird sie voraussichtlich auf dem Fundament des schwarz-grünen Bündnisses fußen. Damit wäre Reker, ob sie dies will oder nicht, 2020 automatisch die Oberbürgermeisterkandidatin von Schwarz-Grün. Egal, ob es zwischen den beiden Parteien wieder eine Koalitionsverabredung geben wird oder nicht.

Henriette Reker wird sich bis dahin fünf Jahre lang im Amt

profiliert haben. Sie wird Spuren hinterlassen haben – positive und negative. Daran wird sie von den Wähler/innen gemessen werden. Und, rückblickend, an ihrem Wahlkampf 2015. Da hat sie klugerweise nur Versprechungen abgegeben, die sie einhalten kann, und nur wenige Themen zur Chefinnensache erklärt. Jede/r neue Oberbürgermeisterkandidat/in wird sie 2020 mit ihren Aussagen konfrontieren. Sie wird dann die Favoritin mit Amtsbonus sein. Die Gejagte. Und es werden Angreifer kommen, die sagen werden: »Ich kann es aber besser!«

Zudem ist die Oberbürgermeisterwahl 2020 an die Wahlen zum Stadtrat gebunden. Ein wesentlicher zusätzlicher Faktor. Die reine Persönlichkeitswahl ist dann Geschichte. Die Parteien werden mit ihren Programmen hart um ihre jeweilige Klientel ringen. 2020 wird Henriette Reker, ob sie will oder nicht, in den Augen vieler eine Politikerin sein.

Wo ich hinmöchte

Jonathan Briefs und Pascal Siemens: »Welche Frage haben wir nicht gestellt, die wir dir hätten stellen sollen?«

Henriette Reker: »Wo ich hinmöchte.«

Briefs/Siemens: »Wo möchtest du hin?«

Reker: »Auf das Geschenkpapier von Johann Maria Farina.[*] Ich benutze den Duft selbst und verschenke ihn auch!«

---

[*] Johann Maria Farina (1685–1766) war der Erfinder eines Duftwassers, welches er zu Ehren seiner neuen Heimatstadt »Eau de Cologne«, zu Deutsch »Kölnisch Wasser«, nannte. Inzwischen ist, weil es damals noch keinen Markenschutz gab, aus Eau de Cologne der Name einer ganzen Duftklasse geworden.
»Mein Duft ist wie ein italienischer Frühlingsmorgen nach dem Regen, Orangen, Pampelmusen, Citronen, Bergamotte, Cedrat, Limette und die Blüten und Kräuter meiner Heimat.« Sein Duft war der Duft der Höfe des 18. Jahrhunderts. In Köln gibt es das Farina-Haus mit einem Verkaufsladen und einem Duftmuseum.
Die Düfte werden in einen Papierbogen, auf dem das historische Gebäudeensemble abgebildet ist, verpackt. Ebenfalls sind die Namen vieler Trägerinnen des Duftes darauf zu lesen von Madame Billy über Kaiserin Maria Theresia bis Romy Schneider, Hildegard Knef und Diana, Princess of Wales.

Danksagung

Der Wahlkampf war länger als geplant, die Unterstützer/innen zahlreicher als erhofft und der Platz in einem Buch wie diesem begrenzt. An dieser Stelle richtet sich unser Dankeschön daher nur an alle, die zum Gelingen dieses Buches durch Erinnerungen, Interviews und Hinweise beigetragen haben. Wir danken herzlich:

Robert Baumanns / Ulrich Breite / Lutz Dursthoff /
Jens Ehebrecht-Zumsande / Nico Ernstberger / Jörg Frank /
Klaus Hansen / Rainer Heinz / Kirsten Jahn / Niklas Kienitz /
Andreas Kurz / Lothar Theodor Lemper / Anne Lütkes /
Helge Malchow / Christiane Martin / Christoph Meertens /
Claudia Mewaldt / Mario Michalak / Bernd Petelkau /
Johanna Preßmar-Cuber / Svenja Rabenstein /
Karin Reinhardt / Inge Reitz / Martin Reuter /
Frederik Schorn / Fritz Schramma / Perry Somers /
Andreas Sommeregger / Mark Stettner / Christian Stunz /
Ute Symanski / Daniela Voigt / Britta Wagner /
Mathis Winkler / Ina Wolf / Horst Weigand und natürlich
und vor allem Oberbürgermeisterin Henriette Reker.

Anhang

Rede anlässlich der Vereidigung und
Amtseinführung von Oberbürgermeisterin
Henriette Reker am 15. Dezember 2015

Liebe Kolleginnen und Kollegen des Rates der Stadt Köln,
liebe Kolleginnen und Kollegen der Verwaltung,
verehrte Gäste auf der Tribüne,
sehr geehrte Damen und Herren, die unsere Sitzung über das
Internet verfolgen,
liebe Bürgermeisterin, liebe Bürgermeister,
liebe Bezirksbürgermeisterin, liebe Bezirksbürgermeister,
sehr geehrte Vertreterinnen und Vertreter der Presse,
meine sehr verehrten Damen und Herren.

I.

Ich bin angekommen – nun auch vor dem Rat unserer Stadt.
Der Weg in den Ratssaal wäre unter normalen Umständen
mein erster Weg als neu gewählte Oberbürgermeisterin gewesen. Aber das wurde mir verwehrt. Liebe Kolleginnen und
Kollegen, sehr verehrte Damen und Herren: Die neue Oberbürgermeisterin ist zunächst und in allererster Linie der
Mensch Henriette Reker. Das wird immer so bleiben. Deshalb sage ich Ihnen heute so, wie es tatsächlich ist: Vor Ihnen
steht die dankbarste und glücklichste Oberbürgermeisterin
Deutschlands!

II.

Dankbar bin ich Ihnen, liebe Frau Bürgermeisterin Scho-Antwerpes, für die Vertretung und die freundlichen Worte meiner Einführung. Ich danke auch Herrn Stadtdirektor Kahlen, der in meiner Abwesenheit vertretungsweise die Geschäfte der Verwaltung geleitet hat. Und ich danke Ihnen allen, liebe Kolleginnen und Kollegen, für die tiefe Herzlichkeit und Anteilnahme an dem, was am letzten Tag eines – im Großen und Ganzen – anständigen demokratischen Wettbewerbs geschehen ist. Diese Dankbarkeit, sie gilt auch den unzähligen Bürgerinnen und Bürgern, besonders unserer Stadt. Jetzt weiß ich erst recht und ganz genau – und eigentlich wusste ich es schon immer: Kölle es mih wie e Jeföhl. Kölle es e jroß Metjeföhl! Köln, das ist nicht nur zusammensitzen, sondern zusammenstehen. Das ist nicht nur »Arsch huh« für alle Demokraten, sondern auch »Kopf huh«. Denn das Aufstehen und das Weitermachen sind ein Akt des zivilisierten Widerstandes. So nehme ich diese Herausforderung, die ich heute mit meinem Eid bekräftigt habe, an.

III.

Ich habe heute einen besonderen Dank abzustatten. Es ist der Dank und die Anerkennung für meinen Vorgänger Jürgen Roters, für seine mit großem Pflichtbewusstsein ausgeübte Amtsführung, für seine Dialogfähigkeit und für seine Menschlichkeit im Handeln. Und ich danke dem Langstreckenläufer Jürgen Roters, dass er mich gelehrt hat, auf Strecke zu denken. Aber das Neue, das andere, es ist gelegentlich auch die Abzweigung von einem bereits eingeschlagenen Weg. Und auf diesen Weg kann Jürgen Roters zu Recht stolz sein.

190

IV.

Vor Ihnen steht die funkelnagelneue Oberbürgermeisterin, die ganz überwiegend in der geordneten Welt öffentlicher Administration groß geworden ist und die weniger durch tiefe Erfahrungen im Biotop der Politik sozialisiert wurde. Und die ausgestattet ist mit einem gesunden Werteverständnis. Das wird mein Kompass sein. Ich stehe für einen neuen Politikstil. Der hat genauso zur Wahl der Oberbürgermeisterin oder des Oberbürgermeisters gestanden wie ich selbst. Und die Wählerinnen und Wähler haben beides gewählt – im ersten Wahlgang mit absoluter Mehrheit. Es geht um eine neue Entscheidungskultur der Offenheit und Sachlichkeit: nicht vorrangig Mehrheiten vorauszusetzen, sondern Mehrheiten zu überzeugen – zum Besten der Stadt und ihrer Einwohnerinnen und Einwohner. Die Verabredung zwischen den großen Parteien bei der Verabschiedung des Haushaltes 2015 in 2015 war auch in dieser Hinsicht ein guter Anfang gemeinsam getragener Verantwortung, die außerhalb des Tellerrandes von Koalitionen stattfand. Ich bin voller Zuversicht, dass es den Verantwortlichen gelingt, auch gegen Traditionen und Traditionalisten ein Gestaltungsbündnis zustande zu bringen, eine Gestaltungsverantwortung neuer Sachlichkeit, mit der Offenheit gegenüber allen demokratischen Parteien. Meine Stimme im Rat gehört daher immer dem überzeugendsten Vorschlag und den besten Argumenten.

V.

Rat und Verwaltung bilden gemeinsam die kommunale Selbstverwaltung. Dieses rechtlich vorgesehene Gemeinschaftswerk unterscheidet sich wesentlich von den Konstruktionen der Länder- und des Bundesparlamentes. Darum gibt es hier auch keine Regierung und Opposition. Ich möchte bei dieser Gelegenheit daran erinnern, dass das Verfassungsgebot der Kommunalen Selbstverwaltung in Art. 28, 2 GG auch die Bereitstellung notwendiger finanzieller Mittel gegenüber den Kommunen einschließt.

Am aktuellen Beispiel – der Übernahme der Kosten für die Flüchtlingsunterbringung – wird dies besonders deutlich. Aufgabe der Kommunen ist nicht – wie es manchmal den Anschein hat –, in erster Linie Exekutivorgan von Landes- und Bundesregierung zu sein. Ich bin zuversichtlich, dass mit der Wahl von neuen Stadtoberhäuptern in Nordrhein-Westfalen auch ein frischer Wind wehen wird im Verhältnis der Kommunen zu Bund und Land. Und ich bin dankbar, dass ich als Oberbürgermeisterin vor allem die Interessen der großen Stadt im Vorstand des Städtebundes künftig wahrnehmen kann. Gestatten Sie mir die Bemerkung, dass das System der kommunalen Selbstverwaltung hier in Köln wieder voll in die Spur ihrer gesetzlichen Bestimmungen, in die Ordnung der Gemeindeordnung, gesetzt werden muss. Die Verwaltung untersteht ausschließlich der Oberbürgermeisterin als Leiterin der Behörde. Sonst niemandem. Ich unterstütze aus voller Überzeugung jede politische Betätigung von Mitarbeiterinnen und Mitarbeitern – jedoch im Wesentlichen außerhalb der Dienstzeiten und immer außerhalb der Dienstobliegenheiten. Ich gebe mir in Zukunft alle Mühe zu widerlegen, die Stadtverwaltung müsse in ihrer politischen Zusammensetzung so strukturiert sein wie der Rat der Stadt Köln. Die Verwaltung ist nicht das Spiegelbild des Rates. Führende Stellen werden nach Eignung und nachgewiesener Fähigkeit und nicht nach Parteibuch besetzt.

VI.

Meine Damen und Herren, liebe Kolleginnen und Kollegen, vor uns liegen große Aufgaben. Die Themen der wachsenden Metropole Köln bedürfen neuer Ansätze der Raumentwicklung und einer stärkeren regionalen Zusammenarbeit. Wir müssen die Rheinschiene stärken, vielleicht ist eine Städtepartnerschaft mit Düsseldorf der richtige Weg? Die einzelnen Themen sind dabei miteinander verknüpft: Schaffung von Wohnraum insbesondere für Menschen mit niedrigem Einkommen, Verkehrsinfrastruktur, Umwelt, Integration und viele weitere. Ich kann sie nicht alle ansprechen, aber sie sind mir gleich wichtig. Einige Bereiche möchte ich heute hervorheben:

Flüchtlinge: Da ist zunächst die Flüchtlingsfrage. Sie kann nicht isoliert betrachtet werden von den fundamentalen Grundwerten, auf die unser Land gründet und um die uns viele Staaten in dieser Welt beneiden. Deshalb ist es unsere moralische Pflicht, Menschen, die in ihrer Heimat brutalsten kriegerischen Auseinandersetzungen und Verfolgungen ausgesetzt sind und die um Leib und Leben fürchten müssen, auch hier bei uns in Deutschland aufzunehmen. Das Grundrecht auf Asyl ist höchstpersönlich, und darum sind die Geflüchteten, die wir aufnehmen, nicht abzählbar. Wir befinden uns inmitten einer konkret gewordenen Globalisierung. Wir müssen einen Teil unseres Wohlstandes teilen. Deutschland gehört zu den reichsten Ländern der Welt. Und 10 000 Geflüchtete in einer Millionenstadt – unter 1 Prozent! – sind keine Zumutung. Ich möchte an dieser Stelle allen Bürgerinnen und Bürgern danken, die uneigennützig schlichtweg Hilfe leisten und Nächstenliebe zeigen. Von feinen Diskussionszirkeln ist weder jemals eine heiße Suppe auf den Tisch gekommen noch saubere Kleidung an Geflüchtete ausgeteilt worden. Sich einsetzen ist besser, als sich ständig zu entsetzen. Ratschläge sind gelegentlich gut, konkrete Hilfen grenzenlos besser. Ich möchte das gesamte städtische Flüchtlingsmanagement meinem Büro unmittelbar unterstellen, gerade deshalb, weil dies mit vielen Querschnittsaufgaben und Querschnittszuständigkeiten verbunden ist. Wir müssen uns befassen mit den notwendigen Maßnahmen der Integration, die in unserer Verantwortung liegen. Mit den Geflüchteten verändert sich unsere Stadt. Die Geflüchteten mögen alles verloren haben, Haus und Hof, Familie und Freunde. Aber eines haben sie nicht verloren: Das sind ihre Talente. Wenn wir diesen Schatz heben, wenn es uns gelingt, aus einem großen Teil von Leistungsempfängern Leistungsträger zu machen, dann ist das der erste Schritt zur gelungenen Integration. Wir müssen und werden alles dafür tun, dass sehr bald die Turnhallen wieder unseren Schülerinnen und Schülern für den Sportunterricht zur Verfügung stehen. Aber ich habe überhaupt kein Verständnis dafür, wenn unter dem Deckmantel der Sorge Vorurteile gegen Fremde geschürt werden.

Haushalt: Die Haushaltspolitik muss sich in zwei wesentlichen Punkten verändern. Es muss Schluss sein damit, dass der Haushalt selbst zum Schlusspunkt des Jahres wird, das er eigentlich von Beginn an finanzieren soll. Ich werde einen Doppelhaushalt vorlegen und die Sanierung unseres Haushaltes vorantreiben. Diese Debatte muss in allem Ernst und in aller Entschiedenheit geführt werden – auch mit den damit verbundenen vielleicht unangenehmen Folgen. Die Stadt hat ein strukturelles Haushaltsdefizit von ca. 285 Mio. Euro, und es ist mein Ziel, den Vermögensverzehr auf unter

5 Prozent des Eigenkapitals jährlich zu begrenzen. Ich werde alle demokratischen Fraktionen einladen, einen Grundkonsens über hierfür notwendige Eckpunkte herbeizuführen und die Haushaltssanierung als Gemeinschaftswerk zu betreiben. Ich sage mit kommunalem Selbstbewusstsein: Hier geht es darum, auch zukünftig wie in der Vergangenheit die Abschlagszahlungen an die freien Träger zu leisten, damit diese die von uns übertragenen Aufgaben erfüllen können.

Unsere Finanzierungsfreiräume werden immer geringer, die Last von Zins- und Tilgungsdiensten dagegen immer größer. Ich sage bei dieser Gelegenheit aber auch laut und deutlich: Unsere stadteigenen Gesellschaften müssen sich an diesem Gemeinschaftswerk der Haushaltssanierung weiterhin beteiligen!

Ich kenne die begrenzten Handlungsspielräume einer Haushaltssicherungskommune und kann nur davor warnen, unsere Verantwortung gegen einen »Sparkommissar« aus der Zeughausstraße [Sitz der Bezirksregierung in Köln] einzutauschen.

Verwaltung: Ein Schwerpunkt meiner Arbeit liegt in der Steuerung der Verwaltung. Es muss auch in den öffentlichen Verwaltungen so etwas wie Barrierefreiheit in den Köpfen geben: nämlich die Freiheit von effizienzhindernden Strukturen, die Freiheit von überzogenen Kontrollmechanismen – zum Beispiel Vergabevorschriften, die über EU-Normen hinausgehen –, die die Risikofreude von Entscheidungen behindern, das Gebot, Hierarchien nicht als heilige Kühe zu behandeln. Wir brauchen klare Verantwortlichkeiten, schnellere Entscheidungen, insbesondere schnellere Genehmigungen vor allem für die Bereiche, die zum Wohlstand in dieser Stadt beitragen. Ich werde die Dezernate in ihren Zuständigkeiten stärken, mit größerer Personalhoheit und Budgetierungen ausstatten. Dabei stellt sich immer auch die Frage: Muss alles, was wir verwalten, tatsächlich auch verwaltet werden? Hat sich nicht mancher Verwaltungsakt unbemerkt verselbstständigt? Ist nicht schon längst mancher Verwaltungsvorgang, an dem wir noch ein großes Rad drehen, in der Sache bereits erledigt?

Verwaltungen in Deutschland gehören – das weiß ich auch – nicht gerade zu den Institutionen, die den Menschen ein Übermaß an taumelnder Freude entlocken. Aber wenn ihre Notwendigkeit mehr unterlegt werden kann mit überzeugenden Leistungen, wenn klar wird, dass die Bürgerin oder der Bürger nicht für die Verwaltung da ist, sondern die Verwaltung für die Bürgerinnen und Bürger, dann wäre dies auch ein Beitrag zur »Klimaverbesserung«. Ich behaupte, unsere Verwaltung ist alles in allem gut und hat deshalb das Zeug zu einer Verbesserung. Ca. ein Viertel des städtischen Haushaltes geben wir für Personalkosten aus. Deshalb lohnt sich das Nachdenken über optimalen Personaleinsatz.

Kulturpolitik: Zur Kultur habe ich in der Vergangenheit vieles gesagt. Meine außerordentlich positive Einstellung ist klar. Aber etwas ist ganz besonders wichtig: Wir müssen den Reichtum unserer Kulturangebote in Deutschland und Europa offensiv vertreten. Die Stadt verkauft sich an dieser Stelle unter ihren Möglichkeiten. Wir brauchen ein erfolgreicheres Kulturmarketing.

Zur Opernsanierung nur so viel: Klarheit und Transparenz in den Abläufen, klare Verantwortlichkeiten sind das Gebot der Stunde. Die Art und Weise, wie die Diskussion zur Opernsanierung zuweilen stattgefunden hat, gehört nicht gerade zur besten Inszenierung in Köln. Dazu haben alle beigetragen – nicht nur die Verwaltung.

Stärkung des Wirtschaftsstandortes: Es gibt keine eindrucks-vollere Sozialpolitik als die Stärkung des Wirtschaftsstandortes Köln. Wirtschaftsförderung ist nichts anderes als das Synonym für Arbeit und Arbeitsplätze, für die Bezahlbarkeit von Sozialsystemen und Lebensqualität in unserer Stadt. Das gilt auch für die Standortpflege vorhandener Unternehmen. Wir brauchen eine Offensive von Start-ups, die hier noch unterentwickelt ist. Wir brauchen einen Rundum-Service für ansiedlungswillige Unternehmen mit einer professionell ausgebauten Erstanlaufstelle. Ich verschweige nicht, dass ich Sympathien für eine Wirtschaftsförderung habe, die nicht als Amt in unserer Stadtverwaltung angesiedelt ist. Ich werde zudem die Voraussetzungen dafür schaffen, neue, attraktive Räume für die Wirtschaftsförderung zu finden, die einladend sind. Denn Köln ist ein interessanter Standort. Die steigende Attraktivität zeigt sich zum Beispiel an der aktuellen Neubautätigkeit und den steigenden Quadratmeterpreisen für Büros mit gutem und mittlerem Nutzungswert.

Immer wieder muss in Erinnerung gerufen werden: Die Gewerbesteuer ist die Abgabe, die Unternehmen auf ihren Gewinn zahlen. Für mich ist zudem klar: Es darf für einen längeren Zeitraum zu keiner Erhöhung der Gewerbesteuer kommen.

Jugend und Bildung: Unsere Zukunft geht durch die Türen der Bildungseinrichtungen unserer Stadt, und so müssen sie auch aussehen. Das fängt bei den Kitas an. Die Mütter und Väter müssen sicher sein können, dass ihre Kinder bei Bedarf einen Kitaplatz erhalten, besonders, weil in vielen Familien ein Einkommen keine ausreichende Lebensgrundlage mehr bildet. Wir brauchen schnell aber auch zusätzliche Schulstandorte, die in ihrer qualitativen Ausstattung unseren Kin-

dern und den Lehrerinnen und Lehrern die Wertschätzung
entgegenbringen, die sie verdienen – und die einen erfolgrei-
chen Lernprozess befördern.

Kommunale Bildungsangebote dürfen sich jedoch nicht
im Schulbau erschöpfen. Es geht um passgenaue Angebote
und Förderung und damit auch um Bildungsgerechtigkeit in
unserer Stadt, damit der soziale Friede gewahrt bleibt.

Bezirksvertretungen: Wir sind in Bezug auf die Mitwirkung
der Bürgerinnen und Bürger immer noch in einer Partizipati-
onsdefensive. Vor allem muss in unseren Städten ein Klima
geschaffen werden, das es den Bürgerinnen und Bürgern wieder zutraut, mehr Verantwortung zu übernehmen.

Um im direkten Gespräch mit den Bürgerinnen und Bürgern zu bleiben, werde ich alle drei Monate eine Veranstaltung in den Bezirken durchführen, das »Stadtgespräch«. Ich
werde baldmöglich ein Konzept der Stärkung der Bezirksvertretungen vorlegen. Und ich werde eine Kommission zur
Reform der Bezirksvertretungen berufen und hierzu Vorschläge an den Rat, aber auch an das Land unterbreiten.

Sauberkeit und Sicherheit: Auch öffentliche Räume haben
etwas mit Ästhetik zu tun. Öffentliche Räume können aussehen wie öffentliche Wohnstuben oder wie verwilderte Hin-
terhöfe – wie etwa der Yitzhak-Rabin-Platz am Ring, der in
diesem erbärmlichen Zustand eine Schande für unsere Stadt
ist. Ich habe bereits veranlasst, diesen Platz grundlegend zu
verändern. Einige öffentliche Räume wurden – das unter-
streiche ich ausdrücklich – schon wesentlich verbessert.
Aber wir stoßen auch hier an ein grundsätzliches Problem:
Wir haben kein Ideendefizit, sondern ein Umsetzungsdefizit.
Das gilt auch für die Sauberkeit – oder präziser gesagt:

Unsauberkeit. Bei dieser Gelegenheit: Ich werde für die besonders »heißen« Karnevalstage anordnen eine Verstärkung unseres Reinigungsdienstes, des Ordnungsdienstes und zugleich die Ahndung all derjenigen, die glauben, an solchen Tagen sich alles erlauben zu können. Der Dom gehört nicht hinter Gitter, wenn in Köln gefeiert wird.

Meine Damen und Herren,
ich biete allen demokratischen Kräften eine faire und gute Zusammenarbeit an. Das gegenseitige Vertrauen, das ist unsere gemeinsame Grundlage für die Zukunftsgestaltung unserer Stadt. Ich weiß, dass ich als Oberbürgermeisterin ganz besonders kritisch begleitet werde. Das ist sozusagen Gegenstand meines Dienstvertrages. Aber tun Sie mir bitte einen ganz persönlichen Gefallen: Seien Sie nicht päpstlicher als der Papst, und glauben Sie nie und nimmer und für alle Zeiten an die Unfehlbarkeit der Oberbürgermeisterin.

Ich favorisiere stattdessen eine andere Version: Der Ratssaal im Spanischen Bau dieser Stadt, bei allen unterschiedlichen politischen Ansichten, hat eine ganz einfache und dennoch zentrale Botschaft: Hier findet nichts anderes statt als Köln. Und für mich persönlich steht fest: Mein Beruf – das ist Köln!

Wie Sie sehen, meine Damen und Herren, steht da vorne die Friedensglocke – eine Glocke mit ganz besonderer Symbolkraft für unsere Stadt. Gegossen wurde sie im Rahmen des Friedensfestes der Katholischen Kirchengemeinde Hl. Johannes XXIII. unter Leitung von Pfarrer Neukirchen im April vergangenen Jahres in Chorweiler – und zwar als sichtbares Zeichen für ein friedliches und tolerantes Zusammenleben der Menschen aller Nationen in diesem Stadtteil, in Köln und der gesamten Welt. Menschen aus Chorweiler und ganz Köln waren dazu eingeladen, eine Handvoll Erde aus ihrem Heimatland für den Guss der Glocke beizusteuern. Jürgen Roters hatte Erde direkt hier vor dem Rathaus gewählt: aus der archäologischen Zone. Zum Einsatz kam die Glocke beispielsweise bereits beim »Frühstück der Religionen« im Rahmen des diesjährigen Birlikte-Festes. Heute nun möchte ich die Bürgermeisterin und die Bürgermeister bitten, mit mir gemeinsam die Friedensglocke anzuschlagen. Die Anregung hierzu kam aus dem Rat der Religionen, was ich ganz wunderbar finde!